FELIX KOLTERMANN

Fotografie und Konflikt
Texte und Essays

© 2014 Felix Koltermann

Herstellung und Verlag:
BoD – Books on Demand, Norderstedt

ISBN 978-3-7357-2397-0

Satz und Layout: Felix Koltermann
Lektorat: Jana Grünewald

Alle Rechte vorbehalten

Bibliografische Information der Deutschen Nationalbibliothek
Die Deutsche Nationalbibliothek verzeichnet diese Publikation
in der Deutschen Nationalbibliografie; detaillierte bibliografische Daten sind im Internet über www.dnb.de abrufbar.

INHALT

Einleitung – Von Online zu Offline 5
Das Verhältnis von Fotografie und Konflikt 7

Die Versicherheitlichung der Bilder 11
Unschärfe im Fotojournalismus 15
Im Training für den Krieg 19

Die negierte Urheberschaft 24
Gaza: Krieg im Web 2.0? 28
Über das Nicht-Fotografieren 31

Bildredaktion aus der Klischeekiste 34
Kriegsbilder à la Hollywood 38
Verschlagwortung und Formenwandel 42

Dokumentarfotografie und lokale Referenz 46
Ein Kommentar zur Hansen-Kontroverse 50
Ron Haviv und die Ethik im Fotojournalismus 54

Konfliktsensitive Fotografie 59
Haltung im Fotojournalismus 62
Fotografische Bildkompetenz 66

Epilog 68

EINLEITUNG – VON ONLINE ZU OFFLINE

Das Internet und seine vielfältigen Möglichkeiten, Texte auf kommerziellen Webseiten, in Blogs oder als Kommentare zu veröffentlichen, ist seit einigen Jahren Begleiter meiner Recherchen zum Thema Fotografie und Konflikt. Vor allem auf meinem Blog „Fotografie und Konflikt" habe ich in den letzten Jahren eine Vielzahl von kürzeren und längeren Texten veröffentlicht. Darunter sind persönliche Kommentare, Essays und medienkritische Artikel über Veröffentlichungen in deutschen Printmedien. Ein Teil der hier versammelten Texte wurde dort bereits veröffentlicht. Auch wenn ich über diesen Blog in den letzten Jahren einige Leser erreichen konnte, ist das Publizieren im Internet doch vergänglicher Natur als im Medium des gedruckten Wortes. Ich selbst bin trotz der vielfältigen und kostengünstigen Möglichkeiten online zu publizieren ein großer Anhänger des Mediums Buch. Aus diesem Grund habe ich den Entschluss gefasst, eine Auswahl von Texten in Buchform zu veröffentlichen. Dahinter steht die Hoffnung, damit auch ein Publikum zu erreichen, das eher Texten in gedruckter Form seine Aufmerksamkeit schenkt.

Die große inhaltliche Klammer der Publikation ist, wie es der Titel schon deutlich macht, das Spannungsfeld von Fotografie und Konflikt. Damit ist das thematische Spektrum sehr weit gefasst und der vorliegende Band erhebt in dieser Hinsicht auch nicht den Anspruch auf Vollständigkeit. Er ist vielmehr eine Annäherung an das Thema aus verschiedenen Perspektiven, wobei es zwei inhaltliche Schwerpunkte gibt:

Der Zusammenhang zwischen Fotojournalismus und dem Nahostkonflikt sowie der Fotojournalismus an sich und seine ethischen und professionellen Standards. Somit wird hier eine Vielzahl unterschiedlicher Aspekte angesprochen, die dem Thema „Fotografie und Konflikt" inhaltliche Tiefe und Stoff für eine interessante und fruchtbare Auseinandersetzung geben.

Die Texte sind zwischen 2011 und 2014 entstanden. Sie folgen einer interdisziplinären Perspektive, die meinem persönlichen Hintergrund als Fotograf, Medienwissenschaftler und Friedens- und Konfliktforscher geschuldet ist. So hat jede Disziplin eigene Fragestellungen an das Thema dieses Buches. Meine Herangehensweise an das Thema ist geprägt von einem kritischen Umgang mit dem Sicherheitsbegriff und einer pazifistischen Grundhaltung auf der einen sowie der Faszination für die Fotografie als einem wunderbaren Medium, Geschichten über diese Welt zu erzählen, auf der anderen Seite.

Für die Veröffentlichung in diesem Buch wurden die Kommentare, Essays und Artikel ausführlich redigiert und lektoriert. Internetspezifische Verlinkungen wurden entfernt und damit eine Anpassung an das Medium Buch vorgenommen. Bilder konnten aus urheberrechtlichen Gründen nicht abgedruckt werden. Die Texte spiegeln den Prozess meiner inhaltlichen Recherchen wieder und können und sollen von daher auch nicht widerspruchsfrei sein: denn das Ziel war nicht, die Texte aus der Perspektive des Jetzt zu überdenken und neu zu formulieren, um im Ergebnis einem konsistenten Argumentationsgang zu folgen. Mein Ansinnen liegt vielmehr darin, mit den persönlichen und authentischen Texten die Leser zum Nachdenken über das Thema anzuregen.

Felix Koltermann, April 2014

DAS VERHÄLTNIS VON FOTOGRAFIE UND KONFLIKT

Die Geschichte der Beziehung von Bildern und gesellschaftlichen Konflikten ist so alt wie die Bildgeschichte selbst. Schon bei den ersten Versuchen des Menschen, in Form von Wandzeichnungen Geschehnisse bildnerisch darzustellen, ging es oft um Alltagskonflikte zwischen Gruppen oder Kämpfe mit der Tierwelt. Diese Auseinandersetzung mit Konflikten zieht sich somit durch die Mediengeschichte des Bildes, von den eben genannten Höhlenmalereien, über Zeichnungen, die Malerei, die Druckgrafik, bis hin zur Fotografie und zum Bewegtbild. Heute ist die Fotografie neben dem Film das wichtigste Bildmedium, in dem gesellschaftliche und soziale Konflikte verhandelt werden. Dabei werden in der Fotografie die Geschehnisse in einem Bild oder einer Bilderfolge festgehalten. Nun stellt sich die Frage, was das Besondere im Verhältnis von Fotografie und Konflikt ist und auf welchen Ebenen sich dieses Verhältnis beschreiben lässt.

Ausgangspunkt jedes fotografischen Produktes ist der als solches bezeichnete fotografische Akt. Dies ist die erste zu analysierende Ebene, stellt sie doch den zentralen Moment der Interaktion zwischen dem Fotografierenden und dem Fotografierten dar. Findet der fotografische Akt innerhalb einer Konfliktsituation statt, so ist er der Dynamik des Konfliktes unterworfen. Die Fotografierten sind auf die eine oder andere Art und Weise Teil des Konflikts. Auch die Fotografierenden sind Teil des Konflikts, entweder weil ihr Lebensmittelpunkt mit der Berichterstattungsregion übereinstimmt oder aber, weil sie sich gezielt in eine bestimmte Konfliktregion begeben, um dort Bilder derselben zu produzieren.

Die Relevanz jeden fotografischen Aktes liegt vor allem in der sozialen Interaktion, aus der ein bestimmtes fotografisches Produkt in Form eines Einzelbildes oder einer Serie entsteht. Die Einführung der Kamera in eine soziale Situation bedeutet dabei immer auch eine Veränderung dieser Situation. Vor allem in Konfliktsituationen kann dies unterschiedliche Auswirkungen für den Fotografierten wie für den Fotografierenden haben. Was hier stattfindet, ist die Produktion von fotografischem Rohmaterial für den auf den fotografischen Akt folgenden Prozess der Bedeutungskonstruktion. Aber was bedeutet das?

Die Fotografien, die aus einer fotografischen Situation entstehen, sind als Zeugnisse bzw. Referenzen ebendieser zu betrachten. Trotz der Genauigkeit der fotografisch-technischen Abbildungsmöglichkeiten sind die entstanden Bilder keine reinen Abbilder der Realität, sondern subjektive Wirklichkeitskonstruktionen des Fotografierenden. Aufgrund der Anwesenheit des Fotografierenden bei der Produktion des Bildes und seine Funktion als Augenzeuge ist jedoch eine gewisse Authentizität gegeben, die den entstandenen Bildern somit einen dokumentarischen Charakter und eine gewisse Glaubwürdigkeit verleihen.

Das fotografische Rohmaterial, welches beim fotografischen Akt entstanden ist, kann jetzt verschiedenen Verwertungskontexten zugeführt werden: einem journalistischen, einem künstlerischen oder einem werblichen Kontext. Die Art der Verwertung zeigt sich auch in den Distributionskanälen, über die Bilder verbreitet werden. Im journalistischen Kontext wird ein bestimmtes Bild mit einer bestimmten Intention ausgewählt und fungiert als Referenz zu einer real stattgefundenen Situation. Der Fotograf wie der Bildredakteur folgen mit ihrer Auswahl jeweils einer bestimmten Intention und wollen eine bestimmte Botschaft übermitteln, die jedoch nicht unbedingt derselben Intention folgen muss.

Dies zeigt sich vor allem bei der Veröffentlichung bzw. der Präsentation. Durch die Art des Veröffentlichungsmediums, ob Zeitung oder Zeitschrift, und die Anpassung des Kontextes durch das Hinzufügen von Bildunterschriften sowie die Einbettung in einen Text wird die Lesart eines Bildes zentral beeinflusst. Dem Rezipienten wird eine dominierende Lesart bzw. Bedeutungskonstruktion vorgegeben, die er übernehmen oder der er sich widersetzen kann. Das Bild bekommt hier sehr viel stärker eine Illustrationsfunktion. Im Idealfall korrespondiert dies mit der Intention des Fotografen. Dann bilden Text und Bild eine gemeinsame Ebene. Das publizierte Bild kann auch als Pressefotografie bezeichnet werden. Wichtig ist deshalb, eine Pressefotografie zunächst als ein publizistisches Medienprodukt zu betrachten und erst in zweiter Linie als das Produkt eines Fotografen.

Die Summe der in verschiedenen Medien publizierten Bilder eines Konflikts macht die Bildberichterstattung über diesen aus. Aus der Analyse der Berichterstattung und ihrer Muster kann z.B. auf eine bestimmte dominierende Ikonografie geschlossen werden. Diese ist Resultat sowohl der Bildauswahl durch die Redaktionen als auch der Produktion der Fotografen und von den dazwischen liegenden Distributionsmechanismen geprägt. Inwieweit das pressefotografische Bild über einen Konflikt dann noch der tatsächlichen Ereignisebene bzw. dem, was gemeinhin als „Konfliktrealität" bezeichnet wird, entspricht, ist von Fall zu Fall neu zu beurteilen und zu diskutieren.

Somit ergeben sich zum einen verschiedene Ebenen, auf denen das Verhältnis von Fotografie und Konflikt analysiert und diskutiert werden kann. Viele Fragen die beim fotografischen Akt eine Rolle spielen, haben für die Auswahl eines Bildes zur Publikation eine geringe Bedeutung und umgekehrt. Manchmal bedingen die Faktoren sich jedoch auch gegenseitig. Zum anderen weist das Verhältnis von Fotografie und Konflikt und seine Verbindung zum Bilderkanon der Menschheitsgeschichte auf eine Vielzahl von fruchtbaren Fragestellungen hin.

DIE VERSICHERHEITLICHUNG DER BILDER

„Bilderkriege" und „Krieg der Bilder": Dieser Begriff ist nicht erst seit den Terroranschlägen von New York am 11. September 2001 in aller Munde. Seitdem jedoch hat er eine Hochkonjunktur erfahren, wenn es darum geht, die Visualisierung des zeitgenössischen Krieges zu umschreiben. Dabei findet dieser Begriff viele Anleihen in der Diskussion um einen Formenwandel des Krieges und die Entstehung neuer, als asymmetrisch wahrgenommener Kriege. Mit der Postulierung von „Bilderkriegen" geht eine Gleichsetzung von Bildern als Waffen einher. Bilder werden damit zu einem Sicherheitsrisiko, deren Veröffentlichung verhindert werden muss. Daraus ergeben sich eine ganze Reihe von Problemen für einen kritischen Umgang mit Bilderpolitik und Fotojournalismus.

Ihren Ursprung nimmt die Debatte um Bilder als Waffen und „Bilderkriege" in der Auseinandersetzung mit dem nationalen und internationalen Terrorismus. Hier wird beobachtet, dass der Terrorismus die Bildwirkung von Anschlägen mitdenkt, um eine größere Wirkung auf die Bevölkerung zu erzielen. Verstärkt wird dies im zeitgenössischen Krieg, da dort immer mehr Mittel des Terrorismus und der asymmetrischen Kriegsführung zum Einsatz kommen. Der in diesem Zusammenhang postulierte „Formenwandel des Krieges" besagt, dass nicht mehr stehende Heere gegeneinander antreten, sondern die Gegner in einem asymmetrischen Machtverhältnis stehen und sich zunehmend im zivilen, oft städtischen Raum bekämpfen[1].

Konkret zeigt sich das Phänomen des "Bilderkriegs" vor allem an zwei Aspekten: zum einen an der Verbreitung von Bildern terroristischer Anschläge, zum anderen an der Verbreitung von Bildern über Opfer von Kriegen. Im ersten Fall ist noch einmal zwischen Bildern zu unterscheiden, welche die Folgen terroristischer Anschläge dokumentieren, wie z.B. im Fall von 9/11, oder Bildern, die direkt von Terroristen angefertigt werden, wie z.B. die im Irakkrieg entstanden Videos, die Enthauptungen von Amerikanern dokumentieren. Die Vertreter der Bilderkriegthese werfen den Medien, welche diese Bilder zeigen, vor, damit den Terroristen auf den Leim zu gehen und letztlich deren Anliegen zu unterstützen. Im zweiten Fall geht es um die Verbreitung von Bildern, die die Opfer vor allem westlicher Kriegspolitik zeigen. Die Gefahr wird hier darin gesehen, dass damit z.B. der politische Konsens für diese Politik auseinander brechen könnte.

Unbestreitbar ist, dass die mediale Verbreitung von Bildern sowohl terroristischer Anschläge als auch von Kriegsfolgen Spuren hinterlässt. Die Veröffentlichung kann die Wirkung der Ereignisse potenzieren. Damit hat dies möglicherweise Folgen für den öffentlichen Diskurs. Kritisch zu hinterfragen ist jedoch, ob dies den Rückgriff auf die Formulierung eines „Bilderkrieges" rechtfertigt. Denn mit der Verwendung des Begriffs sind eine ganze Reihe von Konsequenzen verbunden. Einige davon sind von den Vertretern der These intendiert, andere sind vermutlich eher als Kollateralschäden der Debatte zu betrachten.

Fakt ist, dass mit der Diskussion um „Bilderkriege" eine gefährliche Verlagerung der Diskussionsebene von der Ereignisebene auf die Ebene der Repräsentation einhergeht. Dies wird besonders deutlich an der War-Porn Debatte. Im Mittelpunkt steht dann nicht mehr die Fragwürdigkeit der in den

Bildern gezeigten Handlungen, sondern der Vorwurf der Pornografie. Damit wird ein kritischer Diskurs über Kriegsfolgen erfolgreich verhindert. Die Funktion des Journalismus, Bilder kritisch zu kontextualisieren, wird völlig negiert. Die Übeltäter sind somit diejenigen, die Bilder produzieren und verbreiten, nicht mehr diejenigen die in Kriegen handeln. So hat auch die Gleichsetzung von Bildern als Waffen vor allem für die Bildproduzenten fatale Folgen. Sie verlieren ihren Status als Nicht-Kombattanten und werden zu legitimen Kriegszielen. Dies lässt sich in vielen zeitgenössischen Kriegen beobachten. Damit wird eine gefährliche Nivellierung von Unterschieden vorgenommen, die auch in der Cyberwar-Debatte zu finden ist und die eine Gleichsetzung von tödlichen Waffen mit Bildern oder technischen Computeranwendungen zur Folge hat. In diesem Zusammenhang ist auch die Übernahme einer vereinfachenden Gut-Böse und Freund-Feind Dichotomie zu beobachten.

Hier zeigt sich, dass die Verwendung des Begriffs „Bilderkrieg" der Versicherheitlichung der Debatte Vorschub leistet. Der Begriff der „Securitization" oder Versicherheitlichung stammt aus den Politikwissenschaften und wird dort gebraucht, um die Übernahme einer Sicherheitslogik in gesellschaftliche und soziale Diskurse zu beschreiben. Dies zeigt sich z.B. an der Darstellung von Migration als Sicherheitsrisiko. Mit dem Begriff der Sicherheit wird verbunden, dass sich eine Gruppe vor einer anderen Gruppe und deren Handlungen schützen muss. Ich habe versucht aufzuzeigen, dass ein ähnliches Phänomen im aktuellen Bilddiskurs zu beobachten ist. Durch den leichtfertigen Gebrauch des Begriffs „Bilderkrieg" und die Gleichsetzung von Bildern mit Waffen wird das Themas versicherheitlicht, mit all den hier geschilderten, möglicherweise negativen Konsequenzen. Somit leistet der Begriff der Militarisierung der Sprache sowie der Übernahme militärischer und sicherheitspolitischer Denkweisen in den zivilen Alltag Vorschub.

Aus diesem Grund ist große Vorsicht bei der Verwendung und Übernahme des Begriffs „Bilderkrieg" geboten. Ich plädiere stattdessen dafür, die Bildpolitik bzw. die Kontrolle der Bildproduktion durch Regierungen und Kriegsparteien auf allen Seiten stärker in den Blick zu nehmen. Damit einhergehen sollte die Förderung friedenspädagogisch fundierter Bildkompetenz. Bilder waren noch nie reine Abbilder der Realität und werden es auch nie sein. Aber sie können, wenn sie nach bestimmten journalistischen Standards produziert und kontextualisiert werden, ein Fenster zur Wirklichkeit sein. Als solche müssen sie auch unbequeme Dinge zeigen und thematisieren, wenn von Menschen gemachte Politik genau diese zu verantworten haben. Die Postulierung eines „Krieg(es) der Bilder" ist dafür unnötig, ja sogar kontraproduktiv für eine empathische, wirklichkeitsgetreue Bebilderung kriegerischer Konflikte.

UNSCHÄRFE IM FOTOJOURNALISMUS

Bei der Allgegenwart von Fotografien in den Medien tauchen immer wieder auch Bilder auf, die ganz oder teilweise unscharf sind. Dies gilt auch für den Fotojournalismus und die Dokumentation von Kriegen und Konflikten. Die Unschärfe in der Fotografie ist dabei ein Thema, welches so alt ist wie die Fotografie als technisches Medium selbst. Dabei ging es anfänglich darum, überhaupt erst einmal die technischen Bedingungen dafür zu schaffen, die Wirklichkeit in fotografischen Abbildungen scharf darstellen zu können. Die Schärfe wird dabei in der Regel als Unterscheidbarkeit von Details in einem Bild definiert[2]. Bezogen auf die technische Umsetzung der Fotografie ist dies eines der wichtigsten Ziele: die detailgetreue, möglichst exakte Abbildung eines Gegenstandes. Nur wenn ein Gegenstand scharf abgebildet ist, vermittelt er dem Betrachter exakte Informationen. Je unschärfer die Abbildung im Ganzen ist, umso weniger exakte Bildinformationen sind darin enthalten. Was durch die Unschärfe entsteht ist ein Raum für Interpretation. Unschärfe ist also auf eine gewisse Art und Weise eine Form der Nicht-Information.

Bezogen auf die Unschärfe ist darüber hinaus zwischen zwei Formen zu unterscheiden, einer selektiven Schärfe und komplett unscharfen Bildern. Für erste wird in der Fotografie der Begriff der Tiefenschärfe bzw. Schärfentiefe benutzt der beschreibt, welcher Anteil im Bild scharf abgebildet ist[3]. Der Schärferaum lässt sich dabei anhand bestimmter Formeln mathematisch genau bestimmen. Eine generelle Unschärfe im

Bild wird in der professionellen Fotografie hingegen als Fehler angesehen und in der Regel nur in der Kunstfotografie als bewusstes Stilmittel eingesetzt.

Interessant ist das Thema Unschärfe vor allem dann, wenn man sich den Umgang einzelner fotografischer Disziplinen wie Fotojournalismus oder künstlerischer Fotografie mit der Unschärfe genauer anschaut. Insbesondere der Fotojournalismus zieht seine zentrale Daseinsberechtigung aus dem Vermitteln von Informationen. In der tagesaktuellen Nachrichtenfotografie geht es um Nachrichten in Bildern, also die visuelle Wiedergabe aktueller Informationen. Auch in der stärker auf Erzählung ausgelegten Dokumentarfotografie, als einer weiteren Spielart des Fotojournalismus, stellt die Informationsvermittlung ein zentrales Kriterium dar. Hier werden in der Regel ebenfalls scharfe Bilder benötigt. Denn es geht bei der Informationsvermittlung ganz wesentlich um die Unterscheidbarkeit von Details als einem zentralen Kriterium von Schärfe. Erst die Differenzierbarkeit von Details ermöglicht das Lesen eines Bildes und damit das Aufnehmen von relevanten Informationen.

Natürlich kann es auch im Fotojournalismus Unschärfe geben. Aber die Unschärfe hat hier eine ganz bestimmte Funktion und ist anders zu lesen und zu interpretieren als beispielsweise die Unschärfe in der künstlerischen Fotografie. Im Fotojournalismus tritt Unschärfe vor allem im Zusammenhang mit geringer Tiefenschärfe auf. Komplett unscharfe Bilder existieren in diesem Bereich der Fotografie so gut wie gar nicht und gelten in der Regel als fehlerhaft. Somit geht es um selektive Schärfe bzw. Unschärfe in Form einer geringen Tiefenschärfe und in der Regel nicht um ein komplett unscharfes Bild, wie es in der künstlerischen Fotografie nicht unüblich ist. Die Tiefenschärfe hat in diesem Fall die Funktion, die Bedeutung des scharfen Bereiches hervorzuheben und den Blick bzw. die Aufmerksamkeit dorthin zu lenken. Es ist somit meist ein bewusst eingesetztes bildnerisches Stilmittel zur Hervorhebung spezifischer Informationen.

Darüber hinaus gibt es im professionellen Fotojournalismus noch eine weitere Form der Unschärfe die insbesondere dann auftaucht wenn es um Kriege und Konflikte geht. Beispiele hierfür sind unscharfe Bilder von politischen Events und gewalttätigen Ereignissen. Die Unschärfe resultiert hier aus dem Charakter des Ereignisses und dessen Einflusses auf die Arbeit des Fotojournalisten. Wenn dieser nicht die Zeit hat, auch nur einen kurzen Moment innezuhalten und ein Bild zu komponieren – es aber trotzdem für nötig hält, ein Bild zu machen, um den Augenblick zu dokumentiere – entstehen verwackelte, unscharfe Bilder. Diese werden oft in Milli-Sekunden, vielleicht sogar unbemerkt oder ohne Erlaubnis der Fotografierten geschossen.

Die Unschärfe kann jedoch noch auf einen weiteren Umstand hinweisen. Sie ist oft für Bilder von Medienaktivisten oder Bürgerjournalisten kennzeichnend, die den Weg in journalistische Publikationen finden. Bilder dieser Art werden immer dann abgedruckt, wenn keine Bilder von professionellen Fotojournalisten vorhanden sind. Die Unschärfe ist in diesem Fall meist technisch bedingt, da die Bilder i.d.R. mit Handykameras schlechter Qualität aufgenommen werden. In diesem Kontext verleiht die Unschärfe den Bildern jedoch eine Aura vermeintlicher Authentizität und wird von den Konsumenten gerne gesehen.

Von diesen Formen der Unschärfe ist die selektive Schärfe als ästhetisches Gestaltungsmerkmal abzugrenzen, die in der Geschichte der Fotografie, wie bereits angedeutet, eine wichtige Rolle spielt. Die Frage der ästhetischen Praxis steht dabei zweifelsohne in einem Spannungsverhältnis zur Fototechnik und ist Moden unterworfen. Schaut man sich heute Wettbewerbe im Bereich des Fotojournalismus wie den World Press Photo Award an, so überwiegen dort gestochen scharfe Bilder. Dies hat unter anderem mit dem Stand der Technik und der Digitalisierung der Kameratechnik zu tun. Das digitale Bildformat an sich tendiert schon zu fast überscharfen Bildern, technische Hilfsmittel wie Bildstabilisatoren und hervorragende Optiken tun ein Übriges, Bilder mit großer Tiefenschärfe in fast jeder Situation zu ermöglichen. Um kein Risiko einzugehen und die Schärfe auf den falschen Bildbereich zu legen, werden Bilder lieber komplett scharf gezogen. So scheint es, als habe die digitale Fotografie, was das Ausnutzen des Spielraums visueller Gestaltung der Fotografie angeht, die Kreativität der Fotojournalisten eher gehemmt als befördert.

An der Art und Weise, wie der Fotojournalismus mit dem Thema der Unschärfe umgeht, lässt sich somit hervorragend zeigen, dass der Umgang bzw. die Nutzung der Unschärfe als bildnerisches Mittel zentral davon abhängt, zu welchem Zweck eine Fotografie angefertigt wird. Ist der bildnerische Zweck der Fotografie die Information, die Übermittlung einer visuellen Nachricht, wird die Schärfe, zumindest in den relevanten Bildteilen, immer ein zentrales Qualitätskriterium darstellen.

IM TRAINING FÜR DEN KRIEG

In vielen Regionen dieser Welt herrschen Kriege und gewaltsame Konflikte. Damit Informationen über diese Geschehnisse zu uns gelangen, müssen sich lokale und internationale Journalisten und Fotojournalisten in oft (lebens-) gefährliche Situationen begeben. Sie bringen sich damit ständig in physische und psychische Grenzsituationen. Was wir in den deutschen Medien dann zu sehen bekommen, sind immer nur die Resultate dieser Arbeit, in Form von Bildern, Texten und Videos. Was diese Menschen persönlich erleben, welchen Gefahren sie sich aussetzen und welche Strategien es gibt, sicher und gesund wieder aus den Kriegsgebieten zurückzukommen, wird selten thematisiert.

Sicherheit im Sinne von physischem Überleben zu schaffen – als zentralem Aspekt der journalistischen Arbeit in Krisenregionen – thematisiert das Seminar „Schutz und Verhalten in Krisenregionen für Journalisten", das gemeinsam von der Berufsgenossenschaft Energie, Textil, Elektro und Medienerzeugnisse (BGETEM) und der deutschen Bundeswehr durchgeführt wird[4]. Seit dem Jahr 1999 findet dieses Seminar bis zu vier Mal im Jahr im von der Bundeswehr betriebenen Ausbildungszentrum der Vereinten Nationen in Hammelburg statt. Neben Journalisten werden dort auch Mitarbeiter deutscher staatlicher und nichtstaatlicher Entwicklungsorganisationen geschult. Für viele Angestellte deutscher Medienunternehmen wie der Deutschen Welle ist das Seminar Pflicht, bevor Sie in den Einsatz geschickt werden.

Unter fachlicher Anleitung von Ausbildungsleitern der Bundeswehr versuchen die in Hammelburg trainierenden Gruppen, sich fünf Tage lang Schritt für Schritt der Realität des Krieges und seinen Herausforderungen in Vorträgen und Rollenspielen anzunähern. Dazu stehen als Trainingslager die Einrichtungen des Truppenübungsplatzes und Ausbildungszentrums der Vereinten Nationen in Hammelburg zur Verfügung. Themen des Seminars sind unter anderem Erste Hilfe unter verschärften Bedingungen, das Verhalten unter Kampfmittelbedrohung, das Gewöhnen an Gefechtseindrücke, das Verhalten unter Beschuss, ein Handlungstraining „Komplexe Lage", wozu das Verhalten an Checkpoints ebenso zählte wie eine Entführung sowie psychische und physische Robustheitsausbildung.

Über die Inhalte dieses Seminars, die fiktiven Rollenspiele etc., wurde von Journalisten schon an vielen anderen Stellen berichtet[5]. Eine einfache Internetrecherche macht diese Artikel zugänglich. Mich interessiert an dieser Stelle vor allem die Frage, welchen Beitrag dieses Seminar zur Aus- und Weiterbildung von Fotojournalisten in Konflikt- und Kriegsregionen leisten kann und was für eine gute Ausbildung bzw. Vorbereitung noch fehlt. Ferner ist für mich das Sicherheitsverständnis der Bundeswehr von Interesse, das im Rahmen des Trainings zum Ausdruck kommt. Daraus ergeben sich einige konkrete Fragestellungen:

Welche Kompetenzen braucht ein Fotojournalist, der in Konflikt- und Kriegsregionen arbeiten möchte? Reichen die fotografischen und journalistischen Kernkompetenzen, die Fotojournalisten mitbringen, oder braucht es mehr? Reicht ein empathisches Menschenverständnis für das Arbeiten in Krisenregionen aus oder braucht es mehr in Wissen in Richtung physischer Sicherheit? Wenn ja, reicht ein Training über die Erlangung physischer Sicherheit als Vorbereitung für einen Einsatz in Krisenregionen aus oder braucht es auch weitere Konfliktkompetenz? Und welche Strategien gibt es für den Einzelnen, mit dem Erlebten umzugehen? Gibt es Methoden die angewandt werden können, um die Geschehnisse vor Ort in diesen Regionen besser verstehen und einordnen zu können?

Vielen eher bundeswehr- und militärkritisch eingestellten Journalisten mag das Training bei der Bundeswehr seltsam vorkommen und mit dem schalen Beigeschmack einer PR-Veranstaltung für die Bundeswehr belegt sein. Auch ich vermute Werbung für das „Embedding"[6] mit der Bundeswehr in Afghanistan und eine Beschwörung der hilfreichen Kooperation zwischen Bundeswehr und Medien. Aber genau dies kann man dem Training nicht vorwerfen. Auf professionelle Art und Weise vermitteln die Ausbilder der Bundeswehr ihr Wissen darüber, wie man physisch möglichst unversehrt aus extremen Kriegs- und Konfliktsituationen wieder herauskommt, nicht mehr und nicht weniger. Die Kenntnis über Waffensysteme und Minenerkennung kann dabei zweifellos lebensrettend sein. Und auch das Durchspielen einer Geiselnahme ist hilfreich um eine Ahnung davon zu bekommen, was die Gefahren der Arbeit in Krisenregionen sein können. Aber ein achtsames Ansprechen der emotionalen Ebene, welches die Frage nach dem Erhalt der psychischen Gesundheit ebenso thematisiert wie eine dementsprechende Einsatzvorbereitung, kommt in Hammelburg leider viel zu kurz und ist der Fokussierung auf den Aspekt physischer Sicherheit geschuldet.

Deutlich wird das am damit verbundenen spezifischen Sicherheitsverständnis der Bundeswehr. Das Seminar ist von einer militärischen Logik und damit einer sehr spezifischen Konfliktdefinition geprägt ist. Eine Rollenspielsituation ist dafür ein gutes Beispiel. In einem Dorf sind Journalisten dabei, den Bürgermeister zu interviewen, als UN-Soldaten mit angelegten Waffen ins Dorf einrücken. Die bis dahin ruhige Situation eskaliert, als ein Mann mit Maschinengewehr auftaucht und von den UN-Soldaten erschossen wird. Eine Schiesserei zwischen den UN-Soldaten und lokalen Kämpfern bricht aus, durch die die Journalisten ins Kreuzfeuer geraten. Der Plot des Rollenspiels sieht jetzt vor, dass die Journalisten sich als Handlungsoption hinter das UN-Fahrzeug retten und mit diesem das Dorf verlassen. Dies ist in vielen Regionen der Welt sicherlich eine denkbare Option. Mögliche Handlungsalternativen, die z.B. darin bestehen, dass die Journalisten bei den Zivilisten im Dorf Schutz suchen, sind nicht vorgesehen. Interessant ist in diesem Zusammenhang, dass die Frage, welche Rolle das Auftauchen der UN für die Eskalation der Situation hat, nicht zur Debatte steht. Die UN sind im Fall dieses Rollenspiels von den Vereinten Nationen mandatierte deutsche Soldaten, also die „eigene" Seite, deren Auftrag auch der Schutz der Journalisten war. Dass es die Journalisten vorziehen könnten, sich nicht mit diesen in Sicherheit zu bringen, stößt bei den Ausbildern der Bundeswehr auf Unverständnis und passt nicht in deren Sicherheitslogik.

Diese Beobachtung an sich soll hier gar nicht Gegenstand der Kritik sein, ist es aus Sicht eines deutschen Bundeswehrangehörigen doch tatsächlich die einzige Handlungsoption. Was hier nun aufgezeigt werden soll, ist, wie diese Situation aus Sicht anderer Disziplinen wie beispielsweise der Friedens- und Konfliktforschung oder der zivilen Konfliktbearbeitung betrachtet werden könnte. Hier stände im Vordergrund eine Analyse der Situation und die Frage, welche Partei – unabhängig von der Legitimationsfrage ihres Verhaltens – welchen Einfluss auf die Eskalation hat. Dabei könnte zum Vorschein kommen, dass die lokale Bevölkerung sowie aus ihr heraus agierende Gruppen die UN-Soldaten möglicherweise als Aggressoren gesehen haben. Insbesondere, wenn diese das Mandat hat, Kriegsverbrecher zu verhaften. Eine Evakuation der Journalisten mit den – aus Sicht der Dorfbevölkerung parteiischen – UN-Soldaten würde dann die neutrale Stellung der Journalisten gefährden und von den Dorfbewohnern möglicherweise als Parteinahme interpretiert. Damit soll nicht kritisiert werden, dass die UN-Soldaten ein solches Mandat ausführen, sondern die Unterschiede in der Handlungslogik hervorgehoben werden. Für den Journalisten sind die Analyse verschiedener Handlungsoptionen und die damit verbundene Frage, welche Botschaft das Ausführen einer Option an die lokale Bevölkerung sendet, von zentraler Bedeutung für die eigene Arbeit. Im Training wurde an dieser Stelle deutlich dass diese Reflexion in einem anderen Rahmen geführt werden muss.

Daraus ist zu folgern, dass ein auf physische Sicherheit zielendes Training wie das der Bundeswehr durch andere Formen der persönlichen Vorbereitung ergänzt werden muss. Aus Sicht der Bundeswehr mag dabei das Nichtansprechen dieser Themen logisch sein. Denn als Soldat geht es erst einmal darum, zu kämpfen und rational zu handeln, um das eigene Überleben zu sichern. Emotionen sind da fehl am Platz. Bei Journalisten ist das etwas anderes, ist doch Empathie und damit emotionales Zugehen auf Menschen ein Grundsatz ihres Handelns. Journalisten haben darüber hinaus verschiedene Möglichkeiten, Sicherheit herzustellen: die militärische Variante ist nur eine davon, Akzeptanz bei der lokalen Bevölkerung wäre eine andere. Insofern kann jedoch das Training bei der Bundeswehr nur ein Teil einer Vorbereitung auf die Arbeit in Konflikt- und Kriegsregionen sein, die durch andere, zivile Vorbereitungs- und Trainingsmaßnahmen mit anderen Schwerpunkten ergänzt werden sollte.

NEGIERTE URHEBERSCHAFT

Der 22 Tage dauernde Gaza-Krieg im Winter 2008/2009 war ein Ereignis, das sehr prominent in den deutschen Medien vertreten war. Bilder spielten in der Berichterstattung eine zentrale Rolle. Zwischen dem 27. Dezember 2008 und dem 19. Januar 2009 wurden in der FAZ 34 und in der SZ 67 Bilder zum Thema Gaza-Krieg publiziert[7]. Besonders interessant ist es dabei, die Herkunft der Bilder genauer zu untersuchen. Dabei zeigte sich, dass bei der FAZ 88 % der Bilder von den vier großen Agenturen AFP, AP, DPA und Reuters stammten, bei der SZ 74 % der Bilder[8]. Während bei der FAZ kein einziges Bild eines freien Fotografen veröffentlicht wurde, machten diese bei der SZ immerhin 4,5 % der Bilder aus, wobei alle diese Bilder von einer Fotografin stammten[9].

Was sich hier zuvorderst zeigt, ist die große Dominanz der Bilderdienste der Nachrichtenagenturen als Bilder-lieferanten für die Nachrichtenfotografie. Auf diesem Markt haben freie Fotografen oder kleine Fotografen-Agenturen kaum eine Chance und können nicht mit dem weitverzweigten Netzwerk der Nachrichtenagenturen konkurrieren. Hier sind Parallelen zum allgemeinen Nachrichtenmarkt in der Auslandsberichterstattung zu finden, der eine ähnliche Dominanz der Nachrichtenagenturen aufweist.

Das eigentlich interessante an den veröffentlichten Bildern in der FAZ und der SZ ist die (Nicht-) Veröffentlichung der Fotografennamen als Hinweis auf die Autorenschaft. Während die FAZ gar keine Namen von Fotografen veröffentlichte, fanden sich diese auch bei der SZ nur bei 9 % der zum Thema Gaza-Krieg veröffentlichten Bilder[10]. Ansonsten wurde bei beiden Zeitungen als Quelle ausschließlich der Name der Nachrichtenagenturen (z.B. AP, AFP, …) angegeben. Was dahintersteckt, ob es an der Vermarktungspolitik der Agenturen oder der Veröffentlichungspraxis der Medien liegt, darüber kann an dieser Stelle nur spekuliert werden und ist auch nicht die zentrale Fragestellung des Artikels. Der Fokus soll dagegen auf der Frage liegen, welche Implikationen die Nichtveröffentlichung des Fotografennamens haben kann.

Zuerst ist festzustellen, dass die ausschließliche Benennung der Bilder mit dem Agenturnamen diese entpersonalisiert. Sie wurden scheinbar nicht mehr von einer Person aufgenommen, sondern stehen stellvertretend für eine Agentur. Damit wird eine personale Autorenschaft, deren Charakteristik vor allem in der Subjektivität des fotografischen Akts liegt, negiert und das Bild zu einem reinen Träger vermeintlich „neutraler" Informationen. Agenturen gelten gemeinhin als neutrale, übergeordnete Referenzgrößen. Dabei ist eine Nachrichtenfotografie als Medienprodukt von dieser Neutralität weit entfernt, da Nachrichtenfotografien Teil eines quasi-industrialisierten, stark routinisierten Produktionsprozesses sind.

Über die hier geschilderte Veröffentlichungspraxis der Agenturen entsteht ein sehr starkes „Branding" der Agenturen. Die Fotografen stehen dabei als Mitarbeiter der Agenturen hinter dem Markennamen zurück. Für die Agenturen ist dies als vorteilhaft anzusehen, weil die Aufmerksamkeit alleine ihnen zuteil wird. So wird die schwache Position der Agentur-Fotografen noch verstärkt. Dies gilt insbesondere für die lokalen Stringer, die alle Bildrechte abgeben müssen. Für die Nachrichtenagenturen sind Bilder vor allem ein kommerzielles Produkt. Sie sind eine Ware auf dem globalen Bildermarkt, in dem die genannten Agenturen die größten Konkurrenten sind und um die wichtigsten Abnehmer konkurrieren. Dabei ist der Nahostkonflikt als zyklisches Nachrichtenzentrum ein sicherer Garant für Bilder und Ereignisse, welche in den Redaktionen internationaler Nachrichtenmedien nachgefragt werden.

Für den Betrachter ist aus den mit den Bildern publizierten Agenturkürzeln (AFP, AP, …) nicht ersichtlich, ob es sich bei dem Fotografen um einen Israeli, einen Palästinenser oder einen internationalen Fotografen handelt. Dies mag in vielen Situationen auch gleichgültig sein oder sogar Vorteile haben. Nichtsdestotrotz hält es dem Betrachter jedoch entscheidende Informationen über den Entstehungskontext der Bilder vor. Ob Fotos aus bestimmten Regionen immer vom gleichen Fotografen stammen oder ob ein bestimmtes Bild nur möglich war, weil ein israelischer Fotograf aufgrund seiner Nationalität Zugang zu israelischen Armee-Einheiten hatte und dort „embedded" war oder ein palästinensischer Fotograf nah an die Hamas herankam: Diese und ähnliche Fragen können nicht beantwortet werden. So bleibt der Einblick in einen Teil des (medien-) politischen Kontextes des Krieges verwehrt.

Für den kompletten Zeitraum des Gaza-Krieges war beispielsweise der Gazastreifen für internationale wie israelische Fotografen und Journalisten tabu. Folglich stammten alle Bilder, die uns aus dem Gazastreifen erreichten, von palästinensischen Stringern und den lokalen Angestellten der internationalen Agenturen. Die Nichtnennung der Autoren verschwieg dem Medienkonsumenten diese Information. Dies kann zum einen heißen, dass dies bewusst nicht transparent gemacht wurde um nicht der Frage nachgehen zu müssen, ob die Bilder aus der Region „biased" sind. Zum anderen kann dahinter das

Verschweigen des Eingeständnisses stehen, dass palästinensische Fotografen hochwertige Produkte liefern und nicht hinter internationalen Fotografen zurückstehen müssen.

Ariella Azoulay beschreibt in ihrem Buch „The civil contract of photography", dass zur Fotografie immer drei Elemente gehören: der Fotograf, der Fotografierte und der Betrachter[11]. Im Moment der Aufnahme wird zwischen dem Fotografen und dem Fotografierten ein sogenannter „civil contract" geschlossen. Dieser impliziert, dass es irgendwo einen Betrachter gibt. Der „civil contract" ist im Fotojournalismus i.d.R. kein schriftliches Dokument, sondern meist eine unausgesprochene Übereinkunft. Für diese Übereinkunft sind die persönliche Begegnung und Interaktion zwischen dem Fotografen und dem Fotografierten von entscheidender Bedeutung. Durch die Negierung der Autorenschaft wird diese Dimension verschwiegen, da die Übereinkunft eben nicht zwischen dem Fotografierten und der Agentur geschlossen wurde. Die Agentur ist der Mittler, welcher das Produkt vermarktet, nicht mehr und nicht weniger.

Ferner sei erwähnt, dass dies auch für die Berufsverbände ein wichtiges Thema ist. So stellen die Nichtnennung des Fotografennamens und die ausschließliche Angabe des Agenturnamens einen klaren Verstoß gegen § 13 Urheberrechtsgesetz dar[12]. Die großen deutschen Tageszeitungen scheint das jedoch nicht zu stören. Eine Untersuchung des Deutschen Journalisten-Verbands (DJV) zu diesem Thema brachte im Jahr 2011 zum Vorschein, dass die FAZ in nur 33,33 % der Fälle, die SZ in nur 32,61 % der Fälle den Namen des Fotografen veröffentlichen[13]. Umso wichtiger erscheint es, diesem Thema verstärkt Aufmerksamkeit zu widmen und es bezüglich der (medien-) politischen Implikationen, wie hier am Beispiel des Gaza-Krieges, zu diskutieren.

GAZA: KRIEG IM WEB 2.0?

Im November 2012 eskalierte der Konflikt zwischen dem Staat Israel und der im Gazastreifen regierenden Hamas erneut zu einem quasi-Krieg. Israel griff den Küstenstreifen massiv aus der Luft an, um nach eigener Darstellung Raketenangriffe aus dem Gazastreifen zu verhindern. Den kriegerischen Ereignissen am Boden und in der Luft folgte auch eine mediale Schlacht, vor allem im Web 2.0. Auf israelische wie palästinensischer Seite fanden sich Medienaktivisten, die den Krieg im Web 2.0 begleiteten. Akteure wie die israelische Armee (IDF) stellten eigens Personal dafür ab, Tag und Nacht die Youtube und Facebook Präsenz auf dem aktuellsten Stand zu halten und mit Bildern und Botschaften zu füttern, die das israelische Vorgehen rechtfertigen sollten.

Was in der vor allem über Twitter ausgetragenen Auseinandersetzung über den Konflikt zu beobachten war, ist ein Kampf um die Deutungshoheit des Konflikts und seiner Eskalation: Ein Kampf um die Narrative. Diejenigen, die hier in die Auseinandersetzung einstiegen, waren die direkten Konfliktparteien wie die IDF und pro-israelische Lobby-Gruppen auf der einen sowie der Hamas nahestehende Gruppen auf der anderen Seite. Das besondere an der Auseinandersetzung im Web 2.0 ist, dass auf diese Art und Weise die Nachrichten und damit die Auseinandersetzung direkt das Publikum erreichen und die Auseinandersetzung nicht mehr gefiltert über die Presse ausgetragen wird. Die involvierten Gruppen versuchen, die öffentliche Meinung über die neuen Medien direkt zu informieren und mitunter zu beeinflussen, ohne den Umweg über die Presse nehmen zu müssen. Dies ist eine dramatische Wende und verlagert die Auseinandersetzung von den klassischen Massenmedien Rundfunk, Fernsehen und Zeitung in die Weiten des Internets.

Was bei diesem Wandel der Kommunikation verloren geht, ist die vom Journalismus und seinen Publikationen übernommene Funktion, die Informationen zu filtern, zu kontextualisieren und einzuordnen sowie Hintergrundinformationen zu liefern und verschiedene Meinungen zu Wort kommen zu lassen. Besonders deutlich wird dies am Verbreiten von Bildern ziviler Opfer sichtbar. Beide Seiten nutzen diese Bilder, um die Emotionen der Medienkonsumenten auf ihre Seite zu ziehen und mit der „Beweiskraft" des Bildes die Legitimität des eigenen Handelns bzw. die Illegitimität des Handelns des Anderen zu untermauern. Was wegfällt, ist eine Kontextualisierung und Einordnung der Bilder und der dahinter stehenden Ereignisse in das Konfliktgeschehen. Als relevante Information werden diese Bilder somit fast wertlos, da sie nicht als reine Bestätigung von Faktischem – dieser Mensch auf dem Bild wurde verwundet – sondern zur Rechtfertigung von Aktionen und als Mobilisierungsfaktor dienen.

Im Zusammenhang mit der Diskussion dieses Phänomens taucht in der Diskussion immer wieder der Begriff des Bilder-Krieges oder Medien-Krieges. Auf die Kritik an der Verwendung dieses Begriffs bin ich bereits an anderer Stelle ausführlich eingegangen[14]. Einmal in den allgemeinen Sprachgebrauch übergegangen und als Fakt akzeptiert, liefert der Begriff des „Bilder-Kriegs" z.B. der IDF die Legitimation, Hamas nahestehende Sender zu bombardieren. Dies zeigt, dass der Gebrauch dieses Begriffes durchaus im Interesse der Konfliktparteien ist und deswegen von den Medien und der Wissenschaft tunlichst vermieden werden sollte. Die tatsächlichen Kriegshandlungen werden immer noch mit Waffen von den Konflikt-Parteien verübt. Was in den Medien und über die Medien stattfindet, ist hingegen eine Auseinandersetzung über die Deutungshoheit eines Konflikts und seiner Geschehnisse. Die Kommunikationswissenschaft sollte es sich zur Aufgabe machen, dies offenzulegen und die Berichterstattung darüber hinaus kritisch bezüglich ihrer Qualität, der Einhaltung journalistischer Standards und einer Konfliktsensitivität zu überprüfen.

ÜBER DAS NICHT-FOTOGRAFIEREN

Es liegt an der Materialität und der Konstituierung des Mediums Fotografie an sich, dass die Auseinandersetzung mit diesem sich in der Regel darauf beschränkt, zu diskutieren, was und wie etwas fotografiert wurde, jedoch nicht, was nicht fotografiert wurde. Dabei ist insbesondere die Frage, ob es in bestimmten Situationen besser wäre, etwas nicht zu fotografieren, eine der relevantesten Fragestellungen, die dem Medium und vor allem seiner fotojournalistischen Ausprägung immanent sind. Dazu werden hier zwei konkrete Beispiele präsentiert, die offen legen sollen, welche möglichen Konsequenzen die Weigerung eines Fotojournalisten hätte, ein bestimmtes Ereignis nicht zu fotografieren.

Als erstes Beispiel sei der Gaza-Krieg 2008/2009 genannt. Damals reisten Dutzende internationale Fotojournalisten in der Hoffnung nach Israel, Zugang zum Gazastreifen zu bekommen und Bilder der Folgen der israelischen Angriffe machen zu können. Das von der israelischen Armee verhängte und über fast den gesamten Kriegszeitraum gültige Einreiseverbot hatte den Effekt, dass sich die internationalen Fotojournalisten zusammen mit den lokalen israelischen Fotojournalisten an der Grenze der Bannmeile zum Gazastreifen sammelten und von dort aus versuchten, Bilder aus dem Gazastreifen zu erhaschen. Die Folge war eine Schwemme von Bildern des Krieges aus der Ferne, einschlagender Raketen, von Rauchwolken am Horizont. Die Folge für das publizierte Bild über den Krieg wurde ausführlich in meiner Untersuchung „Der Gaza-Krieg im Bild" dargestellt, welcher die Dominanz des Bildes des Krieges aus der Ferne – visualisiert anhand von Bildern mit Rauchwolken am Horizont – in den deutschen Medien nachweisen konnte[15].

An dieser Stelle ist zu Fragen, was passiert wäre, wenn die Fotojournalisten anstatt von der Grenze aus Bilder aus der Ferne zu machen, wieder abgereist wären. Denn der eigentliche Zweck, vor allem der aus dem Ausland wegen des Krieges in Gaza angereisten Fotografen, Bilder der Kriegsfolgen zu machen, konnte nicht erreicht werden. Das Verhalten der Fotojournalisten, den Krieg aus der Ferne zu dokumentieren, kam dem Anliegen der israelischen Armee, den Krieg als einen präzisen und chirurgischen Eingriff darzustellen, sehr entgegen. Lokale und internationale Journalistenverbände protestierten zwar gegen das Einreiseverbot: eine Form des Streiks oder der Arbeitsniederlegung als Form des Protestes gegen diese israelischen Zensurmaßnahmen wurde jedoch interessanterweise nie diskutiert. Gleichzeitig wurden Bilder, die im Gazastreifen von lokalen Angestellten der internationalen Agenturen angefertigt wurden, im medialen Diskurs als „biased" disqualifiziert.

Das zweite Beispiel ist die fotografische Dokumentation von Demonstrationen und Clashes in der palästinensischen Westbank, die sich durch die fotografische Geschichte des Nahostkonflikts zieht. Diese sind für Fotojournalisten deswegen interessant, da sie den Konflikt visuell sehr gut und einfach darstellen. Darüber hinaus stellen sie routinisierte Ereignisse dar, deren Dokumentation gut planbar ist. Die Begründung der Fotojournalisten, diese zu dokumentieren, ist oft, dass man präventiv vor Ort sein müsse, falls etwas schlimmes passiert. Gemessen an der Realität des Konfliktes und bezogen auf die realpolitische Funktion und ihre Wirkung haben die Demonstrationen jedoch eine eher geringe Bedeutung. Die Masse der Bilder, die über diese Ereignisse kursiert, ist in keiner Weise repräsentativ für das tatsächliche Konfliktgeschehen. Da der Konflikt und das Besatzungsregime mit seinen mannigfaltigen Facetten jedoch visuell schwer darstellbar sind, stellen die Demonstrationen ein dankbares Ereignis für die Fotojournalisten dar.

Problematisch ist, dass insbesondere die Nachrichtenagenturen Ereignisse fast ausschließlich nach ihrer visuellen Verwertbarkeit auswählen. Ähnlich wie beim Gaza-Krieg ist hier die Frage, was passieren würde, wenn die Fotojournalisten das Dokumentieren dieser Ereignisse verweigern und stattdessen mehr Aufmerksamkeit darauf verwenden würden, nach Möglichkeiten der Darstellung der vordergründig nicht-sichtbaren Seiten des Konfliktes zu suchen, anstatt routinisiert die gleichen Ereignisse abzubilden. Dies würde natürlich zuvorderst der Arbeitslogik der Nachrichtenagenturen widersprechen und eine kritische Diskussion der Nachrichtenwerte notwendig machen.

Die beiden hier skizzierten und diskutierten Beispiele zeigen, dass die Frage nach der Bedeutung und der Möglichkeit des Nicht-Fotografierens große Relevanz hat. Sie knüpft letztlich an die Überlegungen zur Haltung des Fotojournalisten an[16]. Denn nur mit einer klaren Haltung zu dieser Fragestellung, die vom Fotojournalisten kommuniziert und reflektiert wird, ist es möglich, hier eine eigene Position zu finden. Dass dies im hoch kompetitiven und schnelllebigen Feld der Agentur-Fotografie nicht einfach ist, steht außer Zweifel. Aber nur durch konstantes Infragestellen (foto-) journalistischer Praktiken und Routinen ist eine qualitative Weiterentwicklung des Fotojournalismus, auch im Hinblick auf eine stärker konfliktsensitive Ausrichtung hin, möglich.

BILDREDAKTION AUS DER KLISCHEEKISTE

Ganz unten auf der Agenda schien das Thema Friedensprozess in Nahost im Jahr 2012 nicht nur bei der Generalversammlung der UN in New York zu stehen, sondern auch bei der Bildredaktion der Süddeutschen Zeitung (SZ). Dies zeigt sich an der Bebilderung eines Artikels, der am 27. September 2012 in der Rubrik Politik auf Seite 8 der SZ erschien. Welchen Zusammenhang es zwischen dem gut geschriebenen und informativen Artikel von Peter Münch über die Bedeutung(slosigkeit) des Friedensprozesses zwischen Israelis und Palästinensern bei der Generalversammlung der UN in New York und der Bebilderung des Artikels gibt, bleibt auch nach intensiver Lektüre des Artikels sowie genauer Betrachtung der Bilder schleierhaft. Es ist zu hoffen, dass nicht Herr Münch als Korrespondent der SZ dieses zu verantworten hat.

Aber schauen wir uns zunächst an, was die SZ am 27. Dezember veröffentlichte. Der Artikel unter dem Titel „Ganz unten auf der Agenda" geht über vier Spalten und nimmt inklusive des Bildes fast die gesamte untere Hälfte der Seite 8 ein. Thema des Artikels ist die Generalversammlung der Vereinten Nationen in New York und der Stellenwert, den dort der israelisch-palästinensische Konflikt spielt. Im Artikel wird hauptsächlich auf den stockenden Friedensprozess, die Bemühungen der Palästinenser, ihr Anliegen in die UN und deren Unterorganisationen zu tragen und das Rede-Duell zwischen Abbas und Netanyahu Bezug genommen. Die Situation in der Region wird nur am Rande thematisiert.

Das zum Artikel gehörige Bild ist ein in die Länge gezogenes Querformat. Es geht über drei Spalten und hat einen prominenten Platz im Artikel. In der linken Bildecke ist ein Mensch angeschnitten, dahinter sind perspektivisch gestaffelt drei weitere vermummte Männer zu sehen, die sich in unterschiedliche Richtungen bewegen. Die Sicht ist insgesamt etwas diffus, vermutlich aufgrund von Rauchschwaden vor Ort. Sonnenlicht fällt von der linken Hälfte ins Bild ein und zeichnet klare Schatten der Personen. Die Bildunterschrift lautet „Vom Ziel eines eigenen Staates weit entfernt: Palästinenser werfen Steine auf israelische Sicherheitskräfte"[17]. Als Bildquelle ist die Agentur Associated Press (AP) angegeben, ohne eine Nennung des Fotografennamens.

Das beschriebene Bild ist als ein typisches Klischeebild aus dem visuellen Repertoire des Nahostkonflikts zu charakterisieren: Steine werfende junge Palästinenser, vermummt und völlig kontextlos dem Artikel zugeordnet. Zumindest ist aus der Bildunterschrift nicht zu entnehmen, ob der Protest sich wenigstens auf das im Artikel erwähnte Event der UN-Generalversammlung bezieht oder sich gegen den stockenden Friedensprozess richtet. Was bleibt ist ein schales Bild, das die Palästinenser in völlig ungerechtfertigter Weise als gewalttätige Protestler zeigt. Nicht, dass diese Proteste nicht tatsächlich stattfinden würden. Aber meist haben sie einen spezifischen Anlass und sind einem Ort zuzuordnen. Repräsentativ für den Umgang der Palästinenser mit dem Konflikt sind sie jedoch nicht. Noch weniger sagen sie etwas darüber aus, wie die palästinensische Gesellschaft im Allgemeinen mit dem Stocken des Friedensprozesses umgeht. Das macht die Veröffentlichung des Bildes im schlechtesten Fall tendenziös, im besten Fall einfach unbedacht. Für qualitativen Bildjournalismus, dem sich die Süddeutsche Zeitung als Qualitätszeitung verpflichtet fühlen sollte, spricht es jedoch nicht.

Weitere Recherchen im Internet ergaben, dass das Bild aus einem völlig anderen Zusammenhang stammt. In der Online-Datenbank der Nachrichten-Agentur AP ist es einsehbar[18]. Es stammt vom 18. September 2012 – war zum Zeitpunkt der Publikation also neun Tage alt – und zeigt Proteste im palästinensischen Flüchtlingslager Shuafat in Ost-Jerusalem gegen die Veröffentlichung des Mohammed-Films in den USA. Damit ist noch fragwürdiger, warum es als Bebilderung des Artikels benutzt wurde, es sei denn, um visuelle Klischees zum Nahostkonflikt zu bedienen. Darüber hinaus ist die Bildunterschrift der SZ sachlich schlicht falsch. Es ist zwar richtig, dass Palästinenser auf dem Bild Steine werfen, aber der Anlass, welcher zu diesem Ereignis führt, ist ein anderer als im Fall des Artikels und macht das Bild damit wertlos. Die Frage nach einem palästinensischen Staat jedenfalls wird im Bild nicht thematisiert. Diese Bebilderung ist ein gutes Beispiel für eine leider zunehmende Praxis in den Bildredaktionen, Artikel im Sinne einer frei interpretierten Illustration des Artikel-Themas zu bebildern und damit ungenaue und zum Teil falsche Assoziation zwischen Bildinhalt und Artikeln herzustellen. Letztlich wird damit auch die Glaubwürdigkeit von Nachrichtenfotografie untergraben.

Wie bereits erwähnt gehört es bedauerlicherweise ebenfalls zur Praxis der SZ, bei Bildern in der Regel nur den Namen der Agentur, nicht jedoch den des Fotografen, zu veröffentlichen. Damit fällt eine weitere Möglichkeit der Kontextualisierung weg. Theoretisch wird damit auch gegen das Urheberrecht verstoßen, in dem eine Namensnennung vorgesehen ist. Der Deutsche Journalistenverband (DJV) hat wiederholt auf diesen Missstand hingewiesen[19].

Wie unterschiedlich Print- und Online-Ausgabe der Süddeutschen Zeitung mit der Bebilderung des Artikels umgegangen sind, ist an diesem Beispiel ebenfalls sehr gut zu sehen. Der Online-Artikel[20] ist vom Text her identisch, wird jedoch von einem anderen Bild begleitet. Zu sehen ist ein Mann, der auf den obersten Sprossen einer Leiter steht, die an eine Mauer gelehnt ist. Er kann gerade darüber schauen und schwenkt dabei eine palästinensische Fahne. Die Bildunterzeile lautet: „Ein Demonstrant schwenkt die palästinensische Flagge über der umstrittenen Mauer, die Israel vom Westjordanland trennt. Erst wenn die Gewalt wieder offen ausbricht, wird der Nahostkonflikt erneut Top-Thema bei den Vereinten Nationen". Als Quelle ist die Agentur Reuters angegeben, wieder ohne Nennung des Fotografennamens. Zumindest ansatzweise ist das Bild hier geografisch zugeordnet. Aber letztlich stellt sich auch in diesem Fall die Frage, warum ein Demonstrant als Symbol für die stockenden Verhandlungen und das Nichtthematisieren in New York herhalten muss, immerhin mit einem weniger klischeehaften Bild als in der Printausgabe der SZ. Und auch der Entstehungskontext des Bildes und das zugehörige Ereignis bleiben hier außen vor.

Dabei hätte es die Möglichkeit gegeben, die Artikel mit Bildern aus New York oder den dargestellten Akteuren zu bebildern. Aber dies war aus der Sicht der SZ-Bildredaktion vermutlich visuell weniger attraktiv, als die Bildklischees aus dem Nahen Osten zu bedienen. Beide Beispiele sind somit kein Aushängeschild für die Qualität der Arbeit der SZ-Bildredaktion. Zu wünschen wäre, dass die SZ mehr Sorgfalt bei der Bebilderung von Artikeln zum Nahostkonflikt walten lassen würde. Wichtig dafür ist, dass es in der Bildredaktion ein Bewusstsein über visuelle Klischees, die Geschichte der Bildberichterstattung über den Nahostkonflikt sowie Kontextwissen zum Thema gibt. Nur so lassen sich Fehler wie in diesem Fall vermeiden.

KRIEGSBILDER À LA HOLLYWOOD

Hollywood und Krieg: Dies ist ein Zusammenhang, der in den Feuilletons deutscher Tageszeitungen ebenso wie in wissenschaftlichen Auseinandersetzung mit dem Thema Medien und Krieg immer wieder gezogen wird. Im Vordergrund steht dabei die Frage, ob die journalistische Darstellung des Krieges der Ästhetik von Hollywood folgt oder umgekehrt. In der November-Ausgabe 2012 des Bildmagazins VIEW ist zu sehen, wie im Journalismus die Heroisierung von Soldaten im zeitgenössischen Krieg funktioniert: Eben über die Einbeziehung von Hollywood. Ein großformatiges über eine Doppelseite gehendes Bild zeigt vier US-amerikanische Soldaten, die um einen auf dem Boden liegenden verletzten Kameraden gruppiert sind. Die Überschrift zur Bild-Text-Seite lautet „Saving Private Ryan". Im kurzen Bild-Text wird die Szenerie weiter erläutert:

> „Ein in Afghanistan bei einer Bombenexplosion verletzter US-Soldat verdankt sein Leben seinen Kameraden.
> Baraki/Afghanistan – Noch schweben Staub und Qualm in der Luft. Aber auch wenn gerade keiner weiß, ob nicht weitere Gefahr droht, sind gleich vier Männer dieser US-Patrouille ihrem verletzten Kameraden beigesprungen – und retten so das Leben des Private Ryan.
> Bei der Detonation des im Boden versteckten Sprengkörpers wurden die Beine des Soldaten Ryan

Thomas getroffen, seine zerfetzten Hosenbeine sind blutdurchtränkt. Während der Trupp-Sanitäter die Wunden verbindet, hält ein Kamerad beruhigend die Hand des 21-Jährigen und spricht mit ihm. Zwar gelingt es zunächst, die starken Blutungen zu stillen, doch Ryan Thomas muss schnellstens in ein Feldlazarett. Im Laufschritt tragen die Männer den Verletzten zu dem bereits gelandeten Rettungshubschrauber.

Und tatsächlich: Ihr Kamerad überlebt – wie der Soldat in Steven Spielbergs Oscar-gekröntem Film „Saving Private Ryan."[21]

Was hier gezeichnet wird, ist ein Bild von Kameradschaft und Heldentum im Krieg. Die Umstände des Anschlags und der Konflikt in Afghanistan spielen kaum eine Rolle. Die Botschaft lautet, dass die Soldaten füreinander einstehen und sich auch unter Gefahr retten, ohne auf das eigene Leben zu achten. Auf den Aspekt der drohenden Gefahr weist der Text mit der Formulierung „Aber auch wenn gerade keiner weiß, ob noch weitere Gefahr droht" noch einmal besonders hin. Dazu kommt der positive Ausgang der Geschichte, symbolisiert durch den in einem kleinen Bild gezeigten, wartenden Rettungshubschrauber. Die Bildunterzeile dazu sagt: „Der Helikopter bringt Thomas in Sicherheit. Später wird er zur Behandlung nach Deutschland ausgeflogen". So steht am Ende der Aktion das rettende Krankenhaus in Deutschland.

Interessant ist der erzählerische Duktus der Bildunterschrift. Er verleiht dem Ganzen die nötige Dramatik und stellt darüber hinaus Nähe zum Betrachter her. „Noch schweben Staub und Qualm in der Luft …" beginnt der Text und sofort ist der Leser in der Aktualität des Geschehens. Dies setzt sich im weiteren Text so fort. Während der Text auf der inhaltlichen Ebene suggeriert, die Explosion sei gerade erst vorbei –

also Gefahr im Verzug – lässt eine Recherche der kompletten Bilderstrecke in der Bilddatenbank von AFP andere Schlussfolgerungen zu[22]. Es scheint seit der Explosion schon einige Zeit vergangen zu sein, sodass keine Gefahr mehr Bestand.

Die Frage ist jedoch, was die tatsächliche Ursache von Staub und Qualm war. Hier gibt das Bild genauer Auskunft: Die auf den anderen Bildern deutlich erkennbare orangene Farbe des Rauchs deutet darauf hin, dass dieser durch Leuchtfakeln entstanden ist. Diese werden vom Militär genutzt, um z.B. Rettungshubschraubern einen Landeplatz anzuzeigen. Der Staub stammt somit mit ziemlicher Wahrscheinlichkeit nicht von der Explosion. Auch die verbundenen Beine des Soldaten weisen darauf hin, dass die Explosion schon etwas länger zurückliegt. Der Beschreibung als „Staub und Qualm" und Interpretation als Folge der Explosion liegt somit möglicherweise ein Übersetzungsfehler zu Grunde: in der Bildunterschrift im Archiv von AFP ist von „dust and smoke flares" die Rede. Wenn man den Begriff „Smoke Flares" recherchiert, so fällt auf, dass dieser weniger als Rauch denn als Leuchtfakeln ins Deutsche übersetzt werden muss. Bei ungenauer Recherche kann daraus jedoch auch „Staub und Qualm" werden.

Vieles spricht dafür, dass die Gründe für die Publikation des Bildes weder seine herausragende visuelle Qualität noch der Informationswert als Nachrichtenbild waren. Denn das Bild verfügt über keine bestechende visuelle Ästhetik. Es hat auch keinen besonderen Nachrichtenwert. Rettungsaktionen wie die hier geschilderte gehören zum Alltag des Krieges westlicher Streitkräfte in Afghanistan. Bilder davon gibt es bei den internationalen Nachrichtenagenturen zuhauf. Damit bleibt nur, den Grund für die Publikation bei der Heldengeschichte zu suchen. Damit taucht die Frage auf, warum VIEW die amerikanischen Soldaten zu Helden stilisiert.

Besonders perfide ist an diesem Beispiel, wie ein Hollywood-Spielfilm als Referenz für soldatisches Handeln im Krieg genutzt wird: Nicht mehr der Film orientiert sich an der Realität, sondern die Beschreibung der Realität am Film. „Ihr Kamerad überlebt – wie der Soldat im Steven Spielbergs oscar-gekröntem Film Saving Private Ryan" heißt es im Text. Dabei ist wichtig zu wissen, dass „Saving Private Ryan" selbst eine fiktive Geschichte ist, die laut Spielberg auf der Landung der Alliierten in der Normandie basiert. Eine Gruppe von US-Soldaten wird im Film losgeschickt, um den hinter den feindlichen Linien abgesprungen Soldat zu retten. Auch der Hinweis auf den Oscar-Gewinn macht die Geschichte des Films jedoch nicht realer oder glaubwürdiger. Die einzige tatsächliche Verbindung zwischen Film und Soldat ist der Name des Soldaten: Ryan. Aber dass die fiktive Geschichte des Hollywoodfilms als Folie für den Afghanistan-Krieg genutzt wird, ist das wohl deutlichste Zeichen für die Propaganda-Botschaft, die sich hier entfaltet. Krieg wird damit als Heldenepos erzählt, in dem US-amerikanische Soldaten für den Westen in den Krieg ziehen. Dank dem Hinweis auf die filmische Kriegsmaschinerie von Hollywood funktioniert diese Stilisierung (fast) perfekt.

VERSCHLAGWORTUNG UND FORMENWANDEL

Bildredakteure, die für große Tageszeitungen und Onlinemedien arbeiten, haben heute tagtäglich mit Tausenden von Bildern zu tun, die über ihren Bildschirm flimmern. Angesichts dieser „Bilderflut", welche die Distribution journalistischer Fotografie bestimmt, bekommt die Frage der Organisation der Bildrecherche eine immer größere Bedeutung. Das zentrale Stichwort ist hierbei die Frage nach der Verschlagwortung. Das Suchen von Bildern bei Nachrichtenagenturen erfolgt über Schlagworte, die bei der Einspeisung der Bilder ins System entweder vom Bildredakteur einer Agentur oder dem Bildproduzenten selbst vorgenommen wird. Diese Verschlagwortung ist der entscheidende Garant dafür, dass ein Bild überhaupt gefunden werden kann. In welchem Zusammenhang es gefunden wird, hängt ganz entscheidend davon ab, wie es verschlagwortet wurde. Trotz allem besteht immer das Risiko, dass einzelne Bilder in der Flut untergehen.

Insbesondere bei der fotografischen Dokumentation von Kriegen und Konflikten kommt der Art und Weise der Verschlagwortung eine besondere Bedeutung zu. Die verwendeten Schlagworte legen eine entscheidende Spur, wie und in welchem Kontext die Bilder später genutzt werden, vor allem bezüglich möglicher späterer Verwendungen des Bildes, die über einen aktuellen Ereignisbezug hinausgehen. In der Nachrichtenfotografie haben viele Fotografien nur einen geringen Haltbarkeitswert und sind nur so lange von Bedeutung, wie das Ereignis Relevanz hat. Sollen die Bilder auch darüber hinaus Interesse finden, ist es wichtig, dass sie über den aktuellen Anlass hinaus beispielsweise als genuine Konfliktbilder von Interesse sind. Damit verbunden ist auch ein Funktionswandel des Bildes. Die Verschlagwortung hat daran einen entscheidenden Anteil.

Anhand von drei fiktiven Beispielen aus dem Kontext des israelisch-palästinensischen Konflikts soll im Weiteren der Ablauf dieser Prozesse verdeutlicht werden. Als Ausgangssituation sei angenommen, eine Rakete der Hamas nahestehender Gruppen habe einen Kindergarten in einem dem Gazastreifen naheliegenden Kibbuz getroffen und dabei fünf Kinder getötet sowie den israelischen Erziehungsminister, der zu diesem Zeitpunkt vor Ort war. Agenturfotografen waren vor Ort und es gibt umfangreiches Bildmaterial. Da dieses Ereignis für die Dynamik des Nahostkonflikts einen hohen Stellenwert hat, wird ihm innerhalb der Agenturen große Aufmerksamkeit zugeschrieben. Über den Tag verteilt gibt es mehrmals Aktualisierungen der Textmeldung der Agentur. Über einen Push-Channel wird das Ereignis oben auf der Agenda als „Thema des Tages" der Bildagentur platziert. Für gewöhnlich richtet sich die Verschlagwortung in solch einem Fall an der Dynamik des Ereignisses aus und ist ausreichend, um die Bilder aufzufinden. Für die Redaktion sind Bilder zum Thema aufgrund der Präsentation als „Thema des Tages" relativ einfach aufzufinden und müssen nicht einmal über die Suchmaske der Agenturen gesucht werden.

Mit einer kleinen Veränderung wird die eben skizzierte Situation zu einem anderen Beispiel. Kurz vor dem Raketenanschlag hat in Haiti die Erde gebebt. Innerhalb kurzer Zeit wird klar, dass es dramatische Folgen für die Bevölkerung hat und das zentrale Ereignis des Tages darstellt. Der Raketenangriff hat damit keinen besonderen Nachrichtenwert mehr und geht als normale Agenturmeldung raus, wird also nicht gesondert als „Thema des Tages" präsentiert. Eine Zeitung in Deutschland entscheidet sich trotzdem, das Thema aufzunehmen und dazu ein Bild zu drucken. Der Bildredakteur hat den Auftrag, in den Bilddatenbanken der Agenturen nach Bildern zu diesem Ereignis suchen. Die Stichworte dazu wird er voraussichtlich der Textmeldung entnehmen. Er kann die Bilder also nur finden, wenn er zum einen die richtigen Schlagworte benutzt, zum anderen die Bilder richtig verschlagwortet wurden. Hier wird deutlich, wie wichtig dieser Prozess ist, da Bilder ansonsten unauffindbar sind. Da höchst wahrscheinlich sowohl die Textnachricht als auch die Bildnachricht von der gleichen Agentur stammen, ist vermutlich Kohärenz garantiert, was die Schreibweise der Begriff angeht.

Aber gerade wenn es um Bilder aus außereuropäischen Regionen geht, verkomplizieren mögliche Übersetzungsfehler und divergierende Schreibweisen die Suche. Wenn wir annehmen, dass das Ereignis nicht von den internationalen Agenturen aufgenommen wird, wäre dies ein solcher Fall. Die Bilder sind dann nur bei einem regionalen Bilderdienst zu finden. Neue Probleme könnten dadurch entstehen, dass der Name des Ministers möglicherweise anders geschrieben wird und Bilder zu dem Ereignis damit nur schwer auffindbar sind.

Ein letztes Beispiel soll die Verwertung von Nachrichtenbildern zu diesem Ereignis als Symbolbild illustrieren. Auf der Feuilletonseite einer überregionalen deutschen Tageszeitung erscheint ein Artikel eines israelischen Psychologen und Konfliktforschers. Im Artikel geht es um kollektive Angstzustände in Israel aufgrund des andauernden Konfliktes mit den Palästinensern. Um die im Artikel geschilderte Bedrohung zu symbolisieren wird ein Bild gesucht. Dazu entscheidet sich die Bildredaktion für eine Fotografie des oben genannten Ereignisses, da geschockte Kinder, die vor einem zerstörten Schulgebäude zu sehen sind, die Bedrohung plastisch darstellen.

Der Fotograf und die Bildredaktion der Agentur haben diese Art der Verwendung mit einkalkuliert, als sie das Bild ins Archiv der Agentur einspeisten. Also bekommt das Bild nicht nur Schlagworte in Bezug auf das aktuelle Ereignis, sondern wird auch darüber hinaus mit allgemeinen Begriffen in Bezug, auf Zerstörung, Konflikt, etc versehen. So wird es, wenn der Bildredakteur mit den relevanten Begriffen sucht und sofern der Fotograf oder die Agentur dies entsprechend verschlagwortet haben, gefunden werden können. Damit findet eine Entkopplung von Bild und Ereignis statt, die einen Funktionswandel zur Folge hat. Das Bild wird von einer Nachricht, welche die Folgen eines konkreten Ereignisses dokumentiert, zu einem Symbolbild über die Folgen von Krieg.

Am Thema der Bildrecherche lässt sich somit gut der Unterschied zwischen Text- und Bildnachrichten deutlich machen. Textnachrichten laufen als ein Ticker in zeitlicher Reihenfolge ihrer Aufnahme ins System der Agenturen über den Bildschirm der Zeitungen. Als solche werden sie ständig von den Redakteuren der Zeitungen kontrolliert und nach Relevanzkriterien sortiert. Dazu gibt es regelmäßig Nachrichtenüberblicke. Bei Bildern hingegen steht eine systematische Suche nach einem Bild für ein Ereignis, welches aufgrund der Agenturmeldungen für relevant befunden wurde. Hier laufen die Bilder nicht minütlich über die Bildschirme, sondern sind in einer verschlagworteten Datenbank gespeichert. Wie hier dargelegt, kann ein Bild dort nur mit der auf die Verschlagwortung passenden Abfrage gefunden werden. Damit zeigt sich exemplarisch, wie sehr die Produktion von Wissen sowie der visuelle Blick der Medien auf die Welt abhängig sind von Entscheidungen Einzelner und institutionalisierten Routinen.

DOKUMENTARFOTOGRAFIE UND LOKALE REFERENZ

Festivals, die dem Fotojournalismus und der Dokumentarfotografie Raum geben, sind heute ein weltweites Phänomen. Im letzten Jahrzehnt sind vor allem in Asien, Afrika und Lateinamerika neue Festivals entstanden. War die professionelle Fotografie lange Zeit eine teure Angelegenheit, die im globalen Süden nur der Mittel- und Oberschicht offen stand, hat die Digitalisierung der Fotografie die Zugangshürden immens gesenkt. Dies verbindet sich mit eigenen fotografischen Bildtraditionen, die sich in vielen Regionen der Welt schon seit der Mitte des 20. Jahrhunderts entwickelt haben. Angesichts der vielen Festivals ist jedoch kritisch zu fragen, inwieweit diese einen lokalen Bezug haben oder eher einer westlich dominierten, globalen Bildkultur Vorschub leisten und die Interessen einer kleinen Elite bedienen. Dies waren meine Gedanken, als ich ausgehend vom guatemaltekischen Foto-Festival GuatePhoto[23], das im November 2012 in Guatemala Stadt stattfand, einen Blick auf die dortige Fotoszene warf. Beim Blick auf die Aufmachung der Festivalwebseite, die dort präsentierten Bilder und Themen habe ich angefangen mich zu fragen, wie viel lokale Referenz ein Festival eigentlich braucht, welches sich unter anderem mit Dokumentarfotografie beschäftigt.

Vielleicht ist zu Beginn dieser Reflektion über Fotojournalismus in Guatemala ein Blick auf meinen persönlichen Hintergrund nicht unwichtig. Für viele Jahre habe ich mich in verschiedenen Organisationen mit der politischen Situation und den Menschenrechten in Guatemala beschäftigt. Davon ist bei mir im Hinterkopf ein bestimmtes Bild des zentralamerikanischen Landes geblieben. Wie jedes Bild ist dieses natürlich subjektiv geformt. Es ist geprägt vom Gedanken an die Auswirkungen des Bürgerkriegs und seine nicht verarbeiteten Folgen auf das Land, vom Wissen um die Gewaltwellen, die das Land überzogen und überziehen sowie die krasse soziale Ungleichheit, die im Land herrscht. Nicht verwunderlich also, dass ich mich frage, ob dieses Bild Guatemalas auch auf einem lokalen Fotografiefestival präsent ist.

Da ich selbst keine Chance hatte, das Festival vor Ort zu besuchen sind diese Überlegungen erst einmal hypothetischer Art und speisen sich darüber hinaus aus der Onlinepräsentation des Festivals. Ich kann also keine validen Aussagen darüber treffen, ob z.B. die lokalen ausstellenden Fotografen diese von mir angesprochene Perspektive – diesen Blick – auf ihr Land thematisieren oder nicht. Aber ich kann Tendenzen aufzeigen und Fragen in den Raum werfen, die vielleicht das Potential haben, die aktuelle Form globalisierter Fotografie kritisch zu reflektieren. Denn mit nichts anderem haben wir es meiner Ansicht nach gerade zu tun. Wenn es visuell kaum einen Unterschied macht, ob ein Fotografiefestival in Deutschland, den USA, Japan oder Guatemala stattfindet, ist dies meiner Ansicht nach ein Ausdruck globalisierter Bildkultur. Es ist zu fragen, ob das einer Vielfalt nicht entgegensteht. Möglicherweise ist dies eine Konsequenz der Dominanz bildjournalistischer Fotografie europäischer und nordamerikanischer Prägung und ihrer weltweiten Übernahme.

Kommen wir nun auf das Beispiel Guatemala zurück. Man kann sicherlich vom Festival GuatePhoto nicht verlangen, die Realität des Landes repräsentativ abzubilden. Aber sollte ein Festival nicht zumindest einen Blick auf die sozialen Realitäten des Landes, in dem das Festival stattfindet, aufzeigen? In

Guatemala sind fast 60 % der Bevölkerung Indigenas, meist Nachfahren der Maya. Die – meist weiße – städtische Oberschicht macht dagegen nur einen kleinen Teil der Bevölkerung aus. Aber visuell ist sie, wie es das Programm des Festivals vermuten lässt, viel stärker präsent.

Auch ein Blick auf die guatemaltekische Fotoschule „La Fototeca", die zu den Mitorganisatoren des Festivals gehört, zeigt dies deutlich. Dort wird z.B. der Workshop „Fotografia Documental y Eventos" (Dokumentarfotografie und Events)[24] angeboten. Das in der Ausschreibung formulierte Ziel ist zu lernen, wie Hochzeiten in einem Dokumentarstil fotografiert werden können. Unzweifelhaft lassen die auf der Webseite gezeigten Beispielbilder darauf schließen, dass es hier um die weiße Oberschicht geht. Denn niemand anderes könnte sich diese Art der Auftragsfotografie leisten. Dies gilt auf ähnliche Art und Weise auch für die Modefotografie der Region.

Ist es nun überzogen von Fotografieinstitutionen in Guatemala und anderen Ländern des globalen Südens zu verlangen, dass sie sich mit ihrer Gesellschaft beschäftigen? Ist es nicht wichtig, dass diese Institutionen sich ihrer privilegierten Stellung in der eigenen Gesellschaft bewusst sind und über die Grenzen der eigenen Schicht hinaus denken und vor allem fotografieren? Was heißt dies im Umkehrschluss für Institutionen in Deutschland? Was sind Themen und Felder, die hier im „Westen" systematisch ausgeblendet werden? Meiner Ansicht nach ist diese Perspektive dort wie in Europa wichtig. Auch in Deutschland müssen wir uns fragen, wo das Bild und die Perspektive Nicht-Weißer in den Medien sind und wie gesellschaftlich marginalisierte Gruppen in der Fotografie repräsentiert werden. Die Frage, wie sich diese Gruppen das fotografische Medium aneignen, gilt für Europa wie für alle anderen Länder der Welt.

Natürlich darf die Konsequenz, bezogen auf die Länder im globalen Süden wie beispielsweise Guatemala, im Umkehrschluss auch nicht der exotische, indigenistische Blick auf die Gesellschaft sein, der nach visuellen Stereotypen in Form von alten Menschen in Trachten vor armen Holzhütten sucht. Aber zwischen diesem Blick und dem selbstbezogenen Blick auf die Welt der weißen Oberschicht gibt es unzählige Realitäten die zu zeigen ungemein interessant ist. Vielleicht bedarf es etwas größerer Anstrengung, diese Perspektiven, da wo sie bereits visuell bearbeitet wurden, einem breiteren Publikum zugänglich zu machen, um einem eindimensionalen Blick im Sinne einer „single story" etwas entgegenzusetzen.

EIN KOMMENTAR ZUR HANSEN-KONTROVERSE

Im Jahr 2013 gewann der schwedische Fotojournalist Paul Hansen mit einem Bild aus dem Gazastreifen den World Press Photo Award. Schon kurz nach dem Bekanntwerden der Preisverleihung im Februar 2013 machte der artifizielle Eindruck des Bildes Autoren, Journalisten und Medienkritiker stutzig und führte zu einer Reihe kritischer Artikel, unter anderem auch auf meinem Blog. Einige Wochen später war aus den vereinzelten Stimmen eine handfeste Kontroverse über die Grenzen der digitalen Postproduktion geworden. Was an dem Bild irritierte, war seine seltsame Farbigkeit, die Schattenlosigkeit sowie der künstliche, an Filmplakate erinnernde Eindruck einer digital zu stark bearbeiteten Fotografie. Viele deutsche Tageszeitungen druckten das Siegerbild jedoch in der Regel ab, ohne diese Diskussion aufzugreifen. Dass sich letztlich auch deutsche Leitmedien wie der Spiegel, der diesem Foto mehrere Artikel in seiner Print- und Onlineausgabe widmete, des Themas angenommen haben, war verwunderlich. Beim Spiegel lag der Grund vermutlich darin, dass die preisgekrönten Bilder des World Press Photo Award zu dieser Zeit im Stammhaus in Hamburg zu sehen waren.

Aber worum geht es eigentlich in der Auseinandersetzung um dieses Bild? Hat der Fotojournalist Hansen sich eines Vergehens schuldig gemacht? Wer sind die stärksten Kritiker? Und wie sieht – abgesehen von Hansens Bild – die publizistische Praxis deutscher Medienhäuser mit digitaler Bildbearbeitung aus? Was ist die Zielrichtung der Debatte um dieses

Bild? Geht es um Ethik im Fotojournalismus im Allgemeinen? Oder geht es in einer Stellvertreterdiskussion letztlich um den Israelisch-Palästinensischen Konflikt?

Um diese Fragen zu beantworten muss zunächst noch einmal der Kontext hergesellt werden. Paul Hansen hatte das Bild für die schwedische Tageszeitung Dagens Nyheter gemacht und beim World Press Photo Award eingereicht. Die Jury des Awards bestand aus anerkannten Experten der Fotografie und des Fotojournalismus. Sie haben das Bild vermutlich aufgrund seiner dramatischen Bildaussage zum Sieger gekürt. In der unnatürlich anmutenden Lichtsituation sahen sie keinen Verstoß gegen die Regeln des Awards, die digitale Manipulationen des Bildinhalts ausschließen, Farbkorrekturen dagegen zulassen. Der Vorwurf, der in den Tagen und Wochen nach der Bekanntgabe der Preise aufkam, bezog sich darauf, dass Hansen die Lichtsituation in der digitalen Bildbearbeitung derartig verändert habe, dass sie nicht mehr den „realen" Lichtbedingungen entspräche. Darüber hinaus tauchten vereinzelt Vorwürfe auf, die Situation an sich habe sich so nicht zugetragen und sei eine Inszenierung.

Was die Zielrichtung und die Motivationen der Kritiker angeht, ist zwischen zwei Gruppen zu unterscheiden. Auf der einen Seite finden sich Vertreter einer eher puristisch angehauchten Ethik des Fotojournalismus – zu der auch ich mich zähle – die die digitale Postproduktion auf ein Mindestmaß beschränken wollen und die in bearbeiteten Bildern, wie im Fall Hansen, die Problematik sehen, dass die Glaubwürdigkeit des Fotojournalismus in Gefahr gerät. Auf der anderen Seite finden sich pro-israelische Blogger und Medienkritiker, die genau diese Beschädigung der Glaubwürdigkeit des Fotojournalismus zum Ziel haben, da sie das politische Ziel verfolgen, Zweifel an der Echtheit Bildern von Opfern israelischer Militäroperationen zu sähen. Meines Erachtens ist vor allem das Vorgehen der pro-israelischen Blogger kritisch zu betrachten. Hinter ihrer Kritik an der Bildbearbeitung steckt – mal explizit, mal implizit – der Vorwurf, der Fotograf habe das Bild bewusst dramatisiert und die Situation möglicherweise sogar inszeniert, um damit emotional Kapital gegen Israel schlagen zu können. In diesen Fällen wird auch der Wahrheitsgehalt des Bildes in Frage gestellt: Dem Fotojournalisten wird unterstellt, aus politischen Motiven ein „gegen" Israel gerichtetes Bild produziert zu haben. Das Ziel dieser vermeintlichen Medienkritiker ist nicht eine „objektive" Berichterstattung und eine Orientierung an Fakten hinsichtlich einer sachlichen Diskussion, sondern die Verteidigung des dominanten israelischen Konfliktnarratives. Dies sind Interessen, die denen der Vertreter einer puristischen fotojournalistischen Ethik diametral entgegenstehen.

Auch im Fall der Hansen-Kontroverse fanden sich Stimmen aus dem Spektrum pro-israelischer Blogger, die das Bild mit dem Generalverdacht der digitalen Bildmanipulation überzogen. Sie versuchten dies mit einer Vielzahl von technischen Faktoren zu begründen. Eine von der World Press Photo Foundation in Amsterdam aufgegebene Studie kam durch eine Auswertung des sogenannten digitalen Negativs, auch Raw-Datei genannt, zu dem Schluss, dass dies nicht der Fall war. Trotz allem klebte ab diesem Zeitpunkt am Bild der Makel, die Wirklichkeit in Gaza falsch dargestellt zu haben. Damit ist ein zentrales Ziel der politisch motivierten Medienkritik erreicht. Selbst wenn Hansen der World Press Photo Award im nachhinein aufgrund zu starker digitaler Manipulation abgesprochen worden wäre, so würde dies am Ereignis selbst, von welchem das Bild angefertigt wurde, nichts ändern. Dass dieses tatsächlich stattgefunden hat, zeigt auch ein anderes, weit weniger spektakulär Bild eines palästinensischen Fotojournalisten von der gleichen Situation. Damit ist nachgewiesen, dass zu besagten Zeitpunkt die Beerdigung in Gaza tatsächlich stattfand, die auf israelische Luftangriffe zurückzuführen ist.

Ein Makel bleibt am Bild auch aufgrund der Diskussion um die digitale Bildbearbeitung haften, auch wenn diese von den Beteiligten weiterhin als legitim angesehen wird. Aus Sicht der fotojournalistischen Ethik liegt genau hier das Problem, da durch die übertriebene Bildbearbeitung die Glaubwürdigkeit des Fotojournalismus an sich Schaden nimmt und eine politische Instrumentalisierung möglich wird. Dies weist darauf hin, wie wichtig der Erhalt und die Ausformulierung standesgemäßer Regeln sind, die es vor politischer Instrumentalisierung zu schützen gilt.

RON HAVIV UND DIE ETHIK IM FOTOJOURNALISMUS

Im Frühjahr 2012 entspann sich in verschiedenen Foren und Blogs im Internet eine Kontroverse um den amerikanischen Fotojournalisten Ron Haviv. Sie zeigte, wie wichtig die Debatte um fotojournalistische Ethik ist und wie hoch die Erwartungen sind, denen sich Fotojournalisten ausgesetzt sehen. Dabei stellt sich die Frage, ob nicht für jeden Menschen prinzipiell die gleichen ethischen Maßstäbe gelten und es in der Auseinandersetzung um Fotojournalisten, ihre Ethik und das (vermeintliche) Fehlverhalten nicht darum geht, sich an einer Berufsgruppe abzuarbeiten, von deren gesellschaftlich erwarteten heroischen und selbstlosen Verhalten die Menschen nun enttäuscht sind.

Aber von Anfang an: Ausgelöst wurde die Kontroverse von einem Blogeintrag der Gruppe Duckrabbit[25] Ende Mai 2012. Darin wurde Ron Haviv dafür kritisiert, eines seiner Bilder an einen der weltgrößten Waffenhersteller, das Unternehmen Lockheed Martin, verkauft zu haben. Das Bild wurde für ein Werbeplakat über Präzisionswaffen genutzt[26]. Eine der Kontroversen entzündete sich daran, das Haviv als Bildquelle nicht nur seinen Namen, sondern auch den der Agentur VII angegeben hatte, über die er seine dokumentarischen und journalistischen Arbeiten vertreibt. Relativ schnell wurde sowohl von Haviv[27] wie von VII[28] klargestellt, dass es sich bei der Nennung der Agentur um einen Fehler handelte und die Bildverwendung über den kommerziellen Agenten Havivs lief, nicht die jedoch die Agentur.

Die interessantere Kontroverse aber besteht darin, dass ein Fotojournalist, der die Folgen und die Opfer von Krieg und Gewalt dokumentiert, wissentlich und ohne moralische Bedenken seine Bilder an einen Waffenproduzenten verkauft. Denn der Fakt, dass Haviv das Plakat als Beispiel seiner Kundenvielfalt auf seiner Website platziert lässt darauf schließen, dass er mit dieser Verwendung keine Probleme hat. Dieses Einverständnis bestätigt auch seine Antwort auf die Kritik an dieser Bildverwendung. In seinem Blog heißt es dazu: „I support humanitarian intervention, detente and defense as I've seen what can happen when those things don't exist"[29]. Damit liefert Haviv eine inhaltliche Begründung, warum er eine Zusammenarbeit mit einem Waffenhersteller für gerechtfertigt hält.

Damit hätte das Thema eigentlich abgeschlossen sein können. Aber da in der Kriegsfotografie Moral und Ethik vermeintlich an erster Stelle stehen, ist ein detaillierter Blick auf dieses Berufsfeld und die Erwartungen die an dieses herangetragen werden wichtig. Die immer wieder zu beobachtenden enttäuschten Reaktionen hat die amerikanische Wissenschaftlerin Julianne Newton (2001) sehr schön beschrieben: „However, once we determined that our projection of objective truth onto photography was naive, we responded as if we had been betrayed by an intimate friend, rejecting visual reportage as nothing more than subjective constructionism"[30].

Nicht ganz unverschuldet – trägt es doch zu ihrer Vermarktung und Selbstheroisierung bei – haben Fotojournalisten häufig immer noch ein „Mutter-Theresa-Image". Sie gelten als die selbstlos Guten, die auf eigene Faust durch die Welt ziehen, um den Opfern von Krieg und Gewalt eine Stimme zu geben. Das dies nur die eine Seite der Medaille ist, dessen sind sich zumindest in der Branche selbst eigentlich alle bewusst. Aber auch diejenigen Medienkonsumenten oder Medienkritiker, die immer wieder empört aufschreien, wenn bei Fällen wie Havivs herauskommt, dass die unbefleckte Empfängnis auch im Falle der Konflikt-Fotografie nur ein Mythos ist, hätten bei kritischem Nachdenken selbst zu diesem Schluss kommen können. Sofern sie mit ihrer Kritik nicht einer eigenen Agenda folgen, wie die der bewussten Beschädigung des fotojournalistischen Berufsstandes.

Die Folgen und die Opfer von Krieg und Gewalt zu dokumentieren, heißt nicht automatisch auch einer pazifistischen und antimilitaristischen Grundhaltung zu folgen, auch wenn dies naheliegend erscheint. Ebenso wie es mannigfaltige Gründe für den Ausbruch und die Anwendung von Gewalt gibt, so gibt es ebenso viele Gründe sie zu dokumentieren. Dies bestätigen Debatten im deutschen Bundestag ebenso wie die Kommentarseiten deutscher Tageszeitungen oder die Deutungsversuche der Friedens- und Konfliktforschung. Krieg und Gewalt sind leider immer noch ein Teil unserer Weltordnung, wenn sie auch in der Regel weit weg von den Gesellschaften des reichen Nordens ausgetragen werden. Und trotzdem ist Frieden zumindest das verbal erklärte Lebensziel der großen Mehrheit unserer Weltgesellschaft. In diesem nicht zu übersehenen Spannungsverhältnis finden sich natürlich auch die Fotojournalisten wieder. Zu allererst machen sie einen harten Brotjob, der dem Betrachter im Norden Bilder von Kriegen und Konflikten, meist von der Südhalbkugel der Erde, in Zeitungen, Fernseher oder Monitore spült.

Fotojournalisten leben und arbeiten heute in einem sehr komplexen Berufsfeld. Auf der einen Seite werden ihnen extrem hohe ethische und moralische Standards abverlangt, die vom Umgang mit den Fotografierten, über die Recherche und die Garantie der Wahrhaftigkeit der übermittelten Informationen bis zum Bann jeglicher digitaler Manipulation reichen. Auf der anderen Seite sind sie in einem hoch kompetitiven Geschäftsfeld tätig, in dem nur eine Finanzierung über verschiedene Kanäle das eigene Auskommen sichert. So ist es heute Standard, das viele Fotojournalisten gleichzeitig journalistisch für Magazine und Tageszeitungen und im Kommunikationsbereich für Nichtregierungsorganisationen (NGO) und nationale und internationale (Regierungs-) Institutionen tätig sind. Oder eben auch im Bereich der Werbung, wie im Fall von Ron Haviv für das Unternehmen Lockheed Martin. Dies ist erst einmal eine Realität, die es anzuerkennen gilt.

Die Kritik an diesem Geschäftsgebaren trifft in der Regel nicht Fotografen wie Haviv, sondern diejenigen, die für NGO's und UN-Institutionen arbeiten. In beiden Fällen haben wir es zweifellos nicht mit einem journalistischen Auftrag, sondern mit klassischer PR zu tun. Wichtig ist jedoch eine Unterscheidung auf der Akteursebene. Meiner Ansicht nach muss man zwischen privatwirtschaftlichen Akteuren wie Lockheed Martin, die darüber hinaus ihr Geld mit Waffen verdienen und damit im weitesten Sinn mit Krieg und Gewalt, und zivilgesellschaftlichen Akteuren wie NGO's, die sich der Verteidigung der Menschenrechte auf gewaltfreie Art und Weise verschrieben haben, einen dezidierten Unterschied machen.

Trotz alledem bleibt es natürlich jedem Fotojournalisten selbst überlassen, sich für das eine oder andere Geschäftsfeld zu entscheiden. Das mag natürlich unseren – und in diesem Fall auch meinen – Überzeugungen widersprechen. Aber es ist nicht mehr oder weniger verwerflich als die internationale Politik, die im bestimmten Rahmen das gewalttätige Austragen von Konflikten immer noch legitimiert, und sei es nur im Falle einer humanitären Intervention. Und wenn jemand so offen mit seinen Geschäftsbeziehungen mit Rüstungsunternehmen umgeht wie Haviv, ist von dieser Seite her eine Kritik kaum gerechtfertigt.

Zu klären bleibt die Frage, ob Agenturen und Institutionen, die mit ihrem humanitären Image arbeiten und Geld verdienen und es zulassen, dass ihre Mitglieder sich auf diese Art und Weise betätigen, nicht dem Ruf des gesamten Berufsstandes, zumindest aber ihrer eigenen Institution schaden. Sich klarer abzugrenzen und entweder eine klar humanitär-pazistifistische oder eine eher interventionistische Position zu beziehen und klarer zu den hier diskutierten Fragen Stellung zu beziehen wäre wünschenswert. Aber genau hier tut sich das gesamt Feld des Fotojournalismus schwer. Denn egal, ob es darum geht, politisch Stellung gegenüber „Embedded Journalism", „Responsability to Protect" oder humanitären Interventionen zu beziehen oder die Felder von Public Relation und Journalismus klarer abzugrenzen, aus wirtschaftlichen Erwägungen und Opportunismusgründen oder um das eigene Milieu nicht zu verschrecken und zu spalten, tun sich die meisten schwer mit klaren Abgrenzungen. Dabei würden klare Festlegungen allen helfen sowohl die Glaubwürdigkeit des Fotojournalismus sowie des Mediums Fotografie zu erhalten als auch die Transparenz der Arbeitsweisen der sie vertretenden Einzelpersonen und Institutionen zu erhöhen.

KONFLIKTSENSITIVE FOTOGRAFIE

Meiner Ansicht nach ist es sinnvoll, in Abgrenzung von der Kriegsfotografie die Theorie – und damit auch eine Anleitung für die Praxis – einer Friedensfotografie bzw. einer konfliktsensitiven Fotografie zu entwickeln. Der Grund ist, dass Bildern in ihrer Funktion als Vermittler eine zentrale Rolle in der massenmedialen Berichterstattung zukommt, insbesondere dann, wenn es um die Darstellung von Konflikten geht. Von daher müssen ihre Auswahl und ihre Produktionskriterien ob ihres Zweckes hinterfragt und ggf. Alternativen entwickelt werden. Vor allem, da konfliktive und gewalthaltige Situationen den strukturellen Vorteil haben, sehr bildgewaltige und visuell beeindruckender Ereignisse zu sein und somit als geeigneter erscheinen, mediale Aufmerksamkeit zu bekommen.

Zentral ist es, bei der Kriegsfotografie mit ähnlichen Kriterien ans Werk zu gehen wie Wortjournalisten, die im Bereich des konfliktsensitiven Journalismus arbeiten. Der zentrale Begriff, der auch für Fotografen und Bildproduzenten in Bezug auf die Arbeit in Konflikten Gültigkeit besitzt, ist die Konfliktsensitivität. Dies bedeutet primär, mit Empathie und einer Fokussierung auf den Menschen an die Arbeit zu gehen, ausgehend von einer umfangreichen Konfliktanalyse zu arbeiten und bei den Bildern und Geschichten eine lösungsorientierte Perspektive auf die Konflikte zu berücksichtigen. Fotojournalistische Arbeit in diesem Sinn lässt sich ohne umfangreiche Recherchen im Vorhinein nicht umsetzen. Dazu ist auch ein fundiertes konflikttheoretisches Wissen wichtig. Es reicht des

Weiteren nicht aus zu wissen, wie man sich in Kriegs- und Krisengebieten sicher bewegt und das eigene Leben schützt[31]. Auch das Wissen um die eigene Rolle und die Implikationen der eigenen Anwesenheit für den Konflikt sind zentral.

In Frage gestellt werden muss meiner Ansicht nach das Konzept des Kriegsfotografen als dem neutralen Dokumentator oder Beobachter. Die Ausübung einer neutralen Funktion bei der Anwesenheit in Kriegen und Konflikten ist so gut wie unmöglich. Vom Moment des Auftauchens eines Fotografen in einer Konfliktregion an hat seine Anwesenheit positive oder negative Implikationen. Das Sinnvollste, was sich daraus ableiten lässt, ist eine Forderung nach einer allparteilichen Haltung. Damit verbunden sein sollte der Versuch, mit gleicher Intensität auf allen Seiten eines Konflikts präsent zu sein, um diesen zu verstehen. Aus diesem Verständnis heraus und verbunden mit einer allparteilichen Haltung können dann Entscheidungen bewusster und reflektierter getroffen werden. Im Endergebnis heißt dies dann nicht, dass auch jede Partei in einer Geschichte bebildert werden muss.

Ein großes Problem stellt ferner die Bildsprache dar, die vor allem in den Massenmedien von einer Faszination für dramatische und epische Untergangsszenarien geprägt ist. Ruinen, Opfer von Gewalt, die letzten Überlebenden, all dies sind „sexy" Bilder, die sich gut verkaufen lassen und die kurzfristig die Aufmerksamkeit des Medienrezipienten binden. Dramatik und Bewegung sind vielen dieser Situationen gemein und lassen eine Dokumentation interessant erscheinen. Dies heißt keinesfalls, dass nicht Bilder von Konflikten gemacht werden können, die eine ähnliche Faszination und Aussagekraft haben, ohne dass Gewalt und Leid im Mittelpunkt stehen. Dies ist jedoch ungleich schwieriger und komplexer und erfordert ein ausgereifteres fotografisches und gestalterisches Können.

Von zentraler Bedeutung ist, den Weg nicht aus den Augen zu verlieren, den ein Bild ab dem Zeitpunkt der Aufnahme bis hin zum Abdruck in einem Medium nimmt. Auch hier können konfliktsensitive Standards implementiert werden. Mehr Bedeutung müsste den Angaben des Bildes gegeben werden, die vom Fotografen erstellt werden und die den Kontext der Aufnahmen erklären: Datum, Uhrzeit, Ort, Umstände, Bildunterschrift, Akteure und Namen der Abgebildeten und des Fotografen. Die klassischen fünf W's, die in einer Bildunterschrift zu finden sind, reichen dann nicht aus. Diese Angaben müssen so ausführlich wie möglich dann auch im entsprechenden Medium reproduziert werden, um dem kritischen Rezipienten die Möglichkeit zu geben, das Bild einzuordnen. Des Weiteren müsste von den Fotografen die Forderung an die Redaktionen getragen werden, sich so weit wie möglich von der Darstellung in Einzelbildern, wie sie vor allem in den Tageszeitungen vorherrscht, zu verabschieden. Bildpaare, die zwei kleine Fenster auf das behandelte Thema öffnen, könnten dies in der tagesaktuellen Nachrichtenfotografie ersetzen. Für die in Geschichten arbeitende Dokumentarfotografie hieße dies ein bewusstes Arbeiten mit Bilderfolgen, um die Komplexität und die Vielfalt von Konflikten abbilden zu können. Letztlich gilt jedoch auch für den redaktionellen Umgang mit Kriegsfotografie, dass Konfliktsensitivität vor allem eine Frage der Haltung ist.

HALTUNG IM FOTOJOURNALISMUS

Was unterscheidet den professionellen Fotojournalisten in Zeiten der Allgegenwart von Smartphones und Digitalkameras eigentlich vom gewöhnlichen Amateurfotografen? Was ist die Legitimation des professionellen Bildjournalisten? Wenn eines der zentralen Kriterien der Nachrichtenwelt heute die Schnelligkeit ist, die wie auch immer fotografierte Dokumentation eines Ereignisses, wofür braucht man dann noch professionelle Fotojournalisten?

Um es gleich vorweg zu sagen: Es soll hier nicht um ein Bashing der Fotojournalisten gehen, um einen Abgesang auf ihre Profession. Ich möchte hingegen ein paar Gedanken zu diesem Berufsstand formulieren, die mir wichtig erscheinen, um diesen weiterzuentwickeln und als relevantes Berufsfeld zu erhalten. Der Hintergrund dieser Überlegungen liegt in vielen Gesprächen, die ich in den vergangenen Jahren im Rahmen der Recherchen für meine Promotion mit Fotojournalisten geführt habe.

Dabei ist es mir wichtig, zuerst den Rahmen meiner Überlegungen zum Thema Haltung zu skizzieren. Vor allem drei Phänomene sind es, die meiner Ansicht nach große Auswirkungen auf den zeitgenössischen Fotojournalismus haben. Zuerst ist da der Siegeszug der digitalen Fotografie zu nennen. Digitalkameras haben die Schwelle zum Einstieg in die semiprofessionelle Fotografie erheblich gesenkt. Für wenige Tausend Euro ist heute eine gute Grundausstattung zu erwerben.

Anhand der Kameras ist heute oft nicht mehr unterscheidbar, ob wir es mit einem Amateur oder einem Profi zu tun haben.

Dazu kommt zweitens die Allgegenwart von Smartphones bzw. Handys mit integrierten Kameras. Es ist davon auszugehen, dass heute in so gut wie jeder sozialen Situation mindestens eine Person anwesend ist, die ein solches Gerät besitzt. Damit ist es auch möglich, von fast allen sozialen Situationen Bilder anzufertigen. Wenn kein Fotojournalist verfügbar ist greifen auch die Medien heute schon auf Bilder von Smartphonebenutzern zurück, sofern es sich um ein relevantes Ereignis und eine als wichtig empfundene Bildnachricht handelt.

Ein dritter Aspekt ist die Allgegenwart von Bildern in unserer Gesellschaft. Ob im öffentlichen Raum, in den U-Bahnen oder dem eigenen PC, dem eigenen Facebook-Profil oder den Flickr-Accounts von Freunden: Bilder sind überall. Diese ständige Verfügbarkeit lässt die Wertigkeit von Bildern und das Verständnis für die Notwendigkeit und die Berechtigung, professionelle journalistische Bilder zu produzieren und zu verbreiten, sinken.

Die Frage ist, wie das fotojournalistische Gewerbe sich demgegenüber positionieren kann. Denn dass eine Positionierung erfolgen muss, ist sicherlich allen klar. Nicht umsonst ist das Gerede von der Krise des Marktes in den letzten Jahren nicht gerade weniger geworden. Natürlich ist es dabei wichtig, auf die Qualität einzugehen, auf den Unterschied in der Bildgestaltung und der fotografischen Arbeit von Amateuren und Profis. Denn hier sind unstreitbar Unterschiede zu finden. Und wenn es über das reine Dokumentieren von Ereignissen hinaus um Features und Dokumentarfotoprojekte geht, haben natürlich nur noch Profis das Können und das Wissen, um diese produzieren zu können. Aber leider ist dies nur ein kleiner Teil des Marktes und ein Großteil der Bilderflut besteht heute aus tatsächlichen oder vermeintlichen Bildnachrichten, die eben theoretisch auch von Nicht-Profis produziert werden könnten.

Der zentrale Unterschied zwischen Amateuren und Profis muss meiner Ansicht nach an der Frage der Haltung festgemacht werden. Oder der Einstellung, wem dieser Begriff besser passt. Einige mögen hier sofort aufschreien und einen Versuch vermuten, durch die Hintertür die Ideologisierung des Fotojournalismus einzufordern, um journalistische Standards der Objektivität und der Authentizität aus dem Fenster zu werfen. Weit gefehlt. Es geht mir darum zu erörtern, mich welchem Wissen und welcher Reflektion der eigenen Arbeit und gesellschaftlicher Prozesse Fotojournalisten ans Werk gehen bzw. gehen sollten.

Für den Besitzer eines Smartphones ist es einfach: Sieht er etwas, was er interessant findet, drückt er auf den Auslöser. Bildethische Fragen, Einschätzungen zu seiner Rolle etc. brauchen ihn nicht zu tangieren. Er ist Beobachter einer sozialen Situation, die er zufällig dokumentiert. Anders hingegen verhält es sich meiner Ansicht nach mit dem Fotojournalisten. Seine gesellschaftliche Aufgabe, aus welchem Grund auch immer er diese gewählt hat, ist die Produktion von Bildern in einem journalistischen Kontext. Damit verfügt er auch über eine gewisse gesellschaftliche Macht. Er sollte sich, anders als der Benutzer eines Smartphones, über die Konsequenzen seines gesellschaftlichen Handelns Gedanken machen.

Hier kommt der Aspekt der Haltung hinzu. Haltung bedeutet für mich, dass der Fotojournalist sich seiner gesellschaftlichen Verantwortung bewusst ist, dass er die Art und Weise wie und was für Bilder er produziert reflektiert und selbstkritisch ist bezüglich der Rolle von Bildern in der Gesellschaft. Besonders relevant ist dies natürlich für die fotojournalistische Arbeit über Konflikte. Aber es spielt letztlich bei jeder fotografischen Produktion eine Rolle. Deswegen müssen Fotojournalisten über eine große Bildkompetenz und über ein Bildwissen hinsichtlich der von ihnen bearbeiteten Themen verfügen. Warum wer wie in Bildern wie dargestellt wird, muss eine zentrale Fragestellung sein.

Dies gilt für die ganze Bandbreite von Themen, sowohl bezüglich des Afrika-Bildes im Fotojournalismus als auch der fotografischen Darstellung von Geschlechterrollen in der Werbung wie auch des Umgangs mit gesellschaftlicher Diversität. Journalistische Bilder zu produzieren bedeutet eine Form gesellschaftlicher Macht, da die Bilder in vielen Fällen gesellschaftliche Diskurse prägen. Insofern brauchen Fotojournalisten eine Haltung, mit der sie bezüglich ihrer Arbeit und ihrer gesellschaftlichen Rolle eine Position beziehen. Damit würden sie sich zentral von Bilder produzierenden Amateurfotografen unterscheiden und könnten obendrein fruchtbare Impulse bezüglich einer Neuausrichtung fotojournalistischer Arbeit senden.

FOTOGRAFISCHE BILDKOMPETENZ

Fotografische Bilder sind in unserer Welt heute sehr präsent. Sie begegnen uns in vielfältigen Formen von Werbefotografien, privaten Bildern bis hin zu Pressefotografien. Während viele Menschen im Alltag Erfahrungen damit gemacht haben, selbst Bilder zu produzieren – und seien es nur die Schnappschüsse mit dem Schmartphone – fehlt Vielen das Wissen, um Bilder der medialen Welt einordnen und analysieren zu können. Das ist erst einmal nicht verwunderlich. Denn während junge Menschen in der Schule das Schreiben als Technik über Jahre hinweg aufwendig lernen und dieses Wissen immer weiter perfektionieren, wird ähnliches Wissen in Bezug auf Bilder kaum vermittelt.

Was unserer Gesellschaft fehlt, ist eine ausgeprägte fotografische Bildkompetenz und ein Wissen um die Bedeutung derselben. Während sich die Kunstwissenschaften und die Kunstvermittlung darum verdient gemacht haben, Jahrhunderte künstlerischer Bildproduktion vor allem in Form von Malerei lesbar zu machen, fehlt ein ähnliches Bemühen bezogen auf die Fotografie noch. Vor allem für die Analyse der Fotografie als Medienprodukt lassen sich klassische Ansätze der Kunstwissenschaft wie die Ikonografie und die Ikonologie nicht Eins-zu-Eins übertragen.

An dieser Stelle ist es an der Zeit zu definieren, was fotografische Bildkompetenz überhaupt beinhalten sollte. Zu allererst geht es dabei um ein technisches Wissen bezüglich des

Mediums Fotografie. Wie entstanden Bilder im analogen Zeitalter, wie entstehen sie heute als digitale Bildwelten? Welche technischen Möglichkeiten gibt es hinsichtlich der Bildmanipulation? Ein weiterer Aspekt ist die Produktion von Bildern. Dazu kommt das Thema fotografischer Gebrauchsformen. Wie unterscheiden sich verschiedene Gebrauchsformen der Fotografie? Welche ethischen Standards gibt es in den verschiedenen Feldern?

Entscheidend jedoch ist meiner Ansicht nach die Fähigkeit, fotografische Bilder kritisch lesen und in politisch-soziale Kontexte einordnen zu können. Bilder emotionalisieren und das ist gut so, ist es doch eine ihrer wichtigen Eigenschaften. Aber ob Menschen sich von Bildern emotionalisieren lassen und was sie in diese hinein interpretieren, darüber haben sie selbst die Entscheidung. Eine größere Bildkompetenz würden den Rezipienten und Betrachtern mehr Macht darüber verleihen, selbst entscheiden zu können, wie Bilder eingeordnet werden und zu welchem Handeln sie sich verleiten lassen. Zeitgemäße Bildkompetenz muss darüber hinaus gesellschaftliche Konfliktlagen und deren Repräsentation im Bild beispielsweise hinsichtlich Genderfragen und Rassismus thematisieren.

Dabei ist das Thema fotografischer Bildkompetenz nicht nur für den Rezipienten, sondern auch für den Produzenten von großer Bedeutung. Wie im entsprechenden Text in diesem Band bereits dargelegt, ist eine reflektierte Haltung hinsichtlich der Frage, warum der Fotograf mit seinen Bildern welche gesellschaftlichen (Rollen-) Bilder reproduziert und welche Form der Wirklichkeit er erschafft, ebenfalls von großer Bedeutung.

EPILOG

Über das Verhältnis von Fotografie und Konflikt zu schreiben bedeutet, etwas in Worte zu fassen, das die Grenzen der Darstellbarkeit berührt. Soziale und politische Konflikte, insbesondere wenn sie gewalthaltig sind und in Krieg übergehen, begleiten die Menschheitsgeschichte von Anbeginn. Gleichzeitig übersteigt der Versuch, sie in Worte oder Bilder zu fassen, immer wieder das menschlich Fassbare. Es gibt unzählige Formen und Formate über Konflikte zu erzählen. Die visuelle Darstellung im Allgemeinen und die fotografische Darstellung im Besonderen sind nur eine unter vielen Möglichkeiten. Aber sie ist die vielleicht prägnanteste unserer Zeit. Das fotografische Darstellen von Krieg ist eine Form des visuellen Erzählens und unterscheidet sich damit z.B. von der Sprache. Wie jede Form der Narration ist auch die visuelle selektiv, persönlich, lückenhaft. Und doch kann sie, wenn sie sich an bestimmte Standards hält, auch so etwas wie Intersubjektivität herstellen, authentisch sein und über den Gegenstand hinaus etwas erzählen.

Bildnerisches und fotografisches Arbeiten hat immer etwas mit Entscheidungen zu tun. An jedem Punkt im Prozess, von der Idee im Kopf, über die Umsetzung in der Produktion, die Distribution und die Publikation werden Akzente gesetzt, das eine gegen das andere abgewogen. Dies gilt für alle in den Prozess der Bildkommunikation involvierten Akteure. Bei der fotografischen Arbeit in Konflikten bedeutet eine Entscheidung dabei immer das Handeln zugunsten des einen und zum

Nachteil des anderen. Bei einer Vielzahl konfliktiver Ereignisse wird versucht, ausgehend von Nachrichtenwerten, rational ein bestimmtes hervorzuheben. Damit wird bei der Arbeit im Feld oft einer einzelnen Person und einem einzelnen Schicksal die Aufmerksamkeit zuteil, während es viele andere gibt, die in einer ähnlichen Situation sind, aber unerwähnt bleiben. Fotografisches Arbeiten im Konflikt ist auch immer wieder ein Abwägen, ob Opfer oder Täter im Vordergrund stehen sollen. Das eine wie das andere kann sinnvoll sein, manchmal geht auch beides. Es hängt sowohl von den Ereignissen selbst als auch davon ab, was Fotografen erzählen wollen.

Letztlich geht es immer wieder um die zentralen Themen der Menschheit, um Fragen nach Humanität und Respekt, nach Nächstenliebe und Empathie. Auch wenn diese Aspekte in Konflikten und Kriegen oft ausgehebelt sind, scheinbar chaotische, unmenschliche Zustände herrschen, irgendwo findet sich immer wieder ein Funken Menschlichkeit. Von „Paradoxen Zeichen der Hoffnung"[32] spricht die deutsche NGO Medico International seit vielen Jahren, um ihre Suche nach Menschlichkeit und die solidarische Unterstützung gewaltfreier Akteure in Konflikten zu beschreiben. Auch für das Verhältnis von Fotografie und Konflikt und das Suchende des visuellen Blicks ist dies meiner Meinung nach eine treffende Umschreibung.

ANMERKUNGEN

1 Siehe dazu Münkler, Herfried (2002): Die neuen Kriege, Reinbek, Rowohlt, Kaldor, Mary/Adrian, Michael (2007): Neue und alte Kriege: organisierte Gewalt im Zeitalter der Globalisierung, Frankfurt am Main: Suhrkamp.
2 http://de.wikipedia.org/wiki/Sch%C3%A4rfe_%28 Fotografie%29 (Letzter Zugriff: Januar 2014)
3 Schärfentiefe bzw. Tiefenschärfe ist ein Begriff aus der Fototechnik der den Bildbereich bezeichnet, der vom Auge als scharf wahrgenommen wird.
4 Dieser Artikel basiert auf den Erfahrungen des Autors als Teilnehmer eines Trainings im Jahr 2011.
5 Siehe z.B. Wissman, Constantin (2010) „Krieg im Crash-kurs", http://www.tagesspiegel.de/medien/zwischen-schreibtisch-und-minenfeld-krieg-im-crash-kurs/1673970.html (Letzter Zugriff Januar 2014)
6 Embedding bezeichnet das Arbeiten von Journalisten eingebettet in militärische Einheiten. Dies beinhaltet oft auch das Tragen von Uniformen.
7 Koltermann, Felix (2010): Der Gaza-Krieg im Bild, BICC-Occasional Paper, Bonn: BICC, Seite 21.
8 Ebd. Seite 44.
9 Ebd. Seite 44.
10 Ebd. Seite 44.
11 Azoulay, Ariella (2008): The civil contract of photography, New York/Cambridge: Zone Books.
12 http://www.djv.de/startseite/info/beruf-betrieb/

bildjournalisten/fotografen-haben-namen-2011.html (Letzter Zugriff: Januar 2014)
13 http://www.djv.de/startseite/info/beruf-betrieb/bildjournalisten/fotografen-haben-namen-2011.html (Letzter Zugriff: Januar 2014)
14 Siehe den Text zum Thema Versicherheitlichung.
15 Koltermann, Felix (2010): Der Gaza-Krieg im Bild, BICC-Occasional Paper, Bonn: BICC, Seite 33.
16 Siehe auch den Beitrag „Haltung im Fotojournalismus" in diesem Buch.
17 Münch, Peter: „Ganz unten auf der Agenda", Süddeutsche Zeitung, Seite 8, 27. September 2012
18 Das Originalbild ist unter http://www.apimages.com/ mit den Stichworten „ Mideast Israel Palestinians Prophet Film Free Speech" zu finden.
19 http://www.djv.de/en/startseite/info/beruf-betrieb/bildjournalisten/fotografen-haben-namen-2012.html (Letzter Zugriff: Januar 2014)
20 http://www.sueddeutsche.de/politik/palaestinenser-praesident-abbas-bei-der-un-wenn-frieden-ganz-am-ende-der-agenda-steht-1.1480545 (Letzter Zugriff: Januar 2014)
21 VIEW Ausgabe November 2012
22 Die Originialbilder von AFP sind unter http://www.imageforum-diffusion.afp.com/ mit den Stich-worten „Baraki" und „Afghanistan" und dem Datum 13. Oktober 2012 zu finden.
23 http://guatephoto.org/ (Letzter Zugriff: Januar 2014)
24 http://lafototeca.org/ (Letzter Zugriff: Januar 2014)
25 http://duckrabbit.info/blog/2012/05/vii-photo-agency-ron-haviv-and-the-worlds-two-largest-arms-producers/ (Letzter Zugriff: Juni 2012)
26 http://www.ronhaviv.com/#mi=2&pt=1&pi=10000&s=21&p=2&a=0&at=0 (Letzter Zugriff Juni 2012)

27 http://ronhaviv.wordpress.com/2012/05/27/ron-haviv-response/ (Letzter Zugriff: Juni 2012)
28 http://www.viiphoto.com/news/vii-photo-may-30-2012/ (Letzter Zugriff: Juni 2012)
29 http://ronhaviv.wordpress.com/2012/05/27/ron-haviv-response/ (Letzter Zugriff: Juni 2012)
30 Newton, Julianne Hickerson (2001): The burden of visual truth: the role of photojournalism in mediating reality, Mahwah, New York: Erlbaum; S. 6.
31 Siehe dazu auch die Überlegungen im Text „Im Training für den Krieg" in diesem Band.
32 http://www.medico.de/material/rundschreiben/2002/ 03/hilfe-im-zeichen-paradoxer-hoffnung/ (Letzter Zugriff: Januar 2014)

ÜBER DEN AUTOR

Felix Koltermann ist Diplom-Fotodesigner (FH) und Friedens- und Konfliktforscher (M.P.S.). Seit 2010 promoviert er an den Universitäten Erfurt und Konstanz über die fotojournalistische Produktion im Nahostkonflikt. Darüber hinaus arbeitet Felix Koltermann freiberuflich als Trainer und Lehrbeauftragter im Bereich der zivilen Konfliktbearbeitung und des (Foto-) Journalismus. Seine fachlichen Schwerpunkte sind medienwissenschaftliche Bildanalyse, Fotojournalismus, Medien und Krieg, konfliktsensitiver Journalismus und zivile Konfliktbearbeitung.

Als freier Journalist publiziert Felix Koltermann unter anderem für Qantara, iz3w und das Neue Deutschland. Er ist Associate Researcher am Bonn International Center for Conversion (BICC) und Mitglied unter anderem im Peace and Conflict Journalism Network (PECOJON) sowie der Arbeitsgemeinschaft für Friedens- und Konfliktforschung (AFK).

Weitere Informationen:

Webseite: www.fkoltermann.de
Blog: www.fotografieundkonflikt.blogspot.com
Twitter: www.twitter.com/fkoltermann
Facebook: www.facebook.com/fkoltermann

Kontakt: info@fkoltermann.de

PUBLIKATIONEN DES AUTORS

Fotografisch Sehen - Ein visueller Streifzug durch Israel und die Westbank, Berlin: Aphorisma, 2014.

Vom Hier und Dort: Lernen für die Feldforschung, In: Zeitschrift für Friedens- und Konfliktforschung 1/2013, S.130 - 140.

Schutz und Begleitung in Mexiko, In: Auer-Frege, Ilona (2010): Wege zur Gewaltfreiheit, Büttner Verlag.

Der Gaza-Krieg im Bild, BICC Occasional Paper VI, Bonn: BICC, August 2010.

Pressefotografie und Kriegsrealität, In: Wissenschaft und Frieden, 03/2010.

Israel: Im Zentrum des nahöstlichen Rüstungswettlauf, In: Friedensforum, 3/2009, S. 13 - 14.

Konfliktsensitivität und Fotografie, In: Orange – Forschungsmagazin der FH Dortmund 01/08, S. 41 - 45.

KONTEXT NAHOST. Zeitungsprojekt. Netzwerk Friedenskooperative, Bonn 2008.

Chiapas y Guatemala – Widerstand und Menschenrechte. Umbruch Verlag, Dortmund 2005.

www.ingramcontent.com/pod-product-compliance
Lightning Source LLC
Chambersburg PA
CBHW050237230526
45470CB00005B/1990